AF590453

CALENDRIER
ET
LISTE
DES NOMS,

SURNOMS ET DEMEURES

DE MESSIEURS

LES GRANDS MESSAGERS

JURÉS

DE L'UNIVERSITÉ DE PARIS.

Avec l'Etat des Diocèses affectés aux Grands-Messagers-Jurés, & auxquels nomment les quatre Nations de la Faculté des Arts.

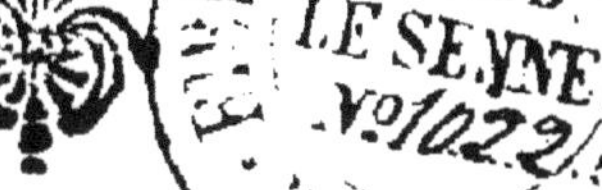

M. DCC. LXXXV.

FÊTES MOBILES.

La Septuagésime, le 23 Janvier.
Les Cendres, le 9 Février.
PASQUES, le 27 Mars.
Les Rogations, les 2, 3 & 4 Mai.
L'Ascension, le 5 Mai.
La Pentecôte, le 16 Mai.
Trinité, le 22 Juin.
La Fête-Dieu, le 24 Mai.
Le premier Dimanche de l'Avent, le 27 Novembre.
De l'Epiphanie à la Septuagésime, 2 Dimanches.
De la Pentecôte à l'Avent, 27 Dimanches.

COMPUT ECCLÉSIASTIQUE.

NOMBRE d'Or 19
Epacte 18
Cycle Solaire 2
Indiction Romaine 3
Lettre Dominicale . . . . B.

LES QUATRE-TEMS.

LES 16, 18 & 19 Février.
Les 18, 20 & 21 Mai.
Les 14, 16 & 17 Septembre.
Les 14, 16 & 17 Décembre.

LES QUATRE SAISONS.

LE PRINTEMS commencera le 20 Mars.
L'ETÉ, le 21 Juin.
L'AUTOMNE, le 22 Septembre.
L'HIVER, le 21 Décembre.

DES ÉCLIPSES.

IL n'y aura point d'Eclipſes de Lune, il y en aura deux de Soleil, dont auçune des deux ne ſera viſible à Paris.

JANVIER.

Jours de la sem.	*J. d. m.*	*Noms des Saints.*	*Phases de la Lune.*
Samedi.	1	*Circoncision*	
Diman.	2	S. Basile	
Lundi.	3	*Ste. Genevieve*	
Mardi.	4	S. Rigobert	☾ Dern.
Mercr.	5	S. Siméon	Quartier le
Jeudi.	6	*Les Rois*	3 à 7 h.
Vendr.	7	Noces.	9 m. du
Samedi.	8	S. Lucien	soir.
Diman.	9	S. Julien	
Lundi.	10	S. Paul, Her.	
Mardi.	11	S. Théodose	● Nouv.
Mercr.	12	S. Ferjus	Lune le 11
Jeudi.	13	S. Hilaire	à 1 h. 26 m.
Vendr.	14	S. Nom de Jesus	du matin.
Samedi.	15	S. Maur, Abbé	
Diman.	16	S. Guillaume	
Lundi.	17	S. Antoine	☽ Prem.
Mardi.	18	Ch. S. Pierre	Quartier le
Mercr.	19	S. Sulpice	17 à 5 h.
Jeudi.	20	S. Sébastien	21 m. du
Vendr.	21	Ste. Agnès	soir.
Samedi.	22	S. Vincent	
Diman.	23	*Septuagésime.*	
Lundi.	24	S. Babilas	
Mardi.	25	Conv. S. Paul	○ Pleine
Mercr.	26	Ste. Paule.	Lune le 25
Jeudi.	27	S. J. Chrisost.	à 8 h. 49
Vendr.	28	S. CHARLEMAG.	m. du mat.
Samedi.	29	S. Franç. de Sales	
Diman.	30	*Sexagésime*	
Lundi.	31	S. Pierre Nol.	

FÉVRIER.

Jours de la ſem.	*J. d. m.*	*Noms des Saints.*	*Phaſes de la Lune.*
Mardi.	1	S. Ignace	
Mercr.	2	*La Purification*	☾ Dern.
Jeudi.	3	S. Blaiſe	Quartier le
Vendr.	4	S. Gilbert	2 à 1 h.
Samedi.	5	Ste. Agathe	54 m. du
Diman.	6	*Quinquagéſime.*	ſoir.
Lundi.	7	S. Romuald	
Mardi.	8	*Mardi gras.*	
Mercr.	9	*Les Cendres.*	Nouv.
Jeudi.	10	Ste Scholaſtique	Lune le 9
Vendr.	11	S. Séverin	à 6 h. 34 m.
Samedi.	12	Ste Eulalie	du ſoir.
Diman.	13	*Quadragéſime.*	
Lundi.	14	S. Valentin	
Mardi.	15	S. Fauſtin	
Mercr.	16	*Quatre-Tems.*	☽ Prem.
Jeudi.	17	S. Sabin	Quartier le
Vendr.	18	Ste. Onéſine	16 à 4 h.
Samedi.	19	S. Barbat	53 m. du
Diman.	20	*Reminiſcere*	matin.
Lundi.	21	S. Merault	
Mardi.	22	C. S. Pierre	
Mercr.	23	Ste. Iſabelle	Pleine
Jeudi.	24	S. Mathias	Lune le 23
Vendr.	25	S. Alexandre	à 3 h. 54
Samedi.	26	Ste Honorine	m. du mat.
1. *D.*	27	*Oculi*	
Lundi.	28	S. Romain	

Epacte XVIII. Lettre Dominicale B.

MARS.

Jours de la sem.	*J. d. m.*	*Noms des Saints.*	*Phases de la Lune.*
Mardi.	1	S. Aubin	
Mercr.	2	S. Simplic.	
Jeudi.	3	Ste Cunégonde	
Vendr.	4	S. Casimir	Dern.
Samedi.	5	S. Virgile	Quartier le
Diman.	6	*Lætare*	4 à 5 h. 6
Lundi.	7	Ste Colette	m. du m.
Mardi.	8	S. Jean de Dieu	
Mercr.	9	Ste. Françoise	
Jeudi.	10	S. Doctrové	Nouv.
Vendr.	11	S. Mart.	Lune le 10
Samedi.	12	S. Grégoire	à 10 h. 42
Diman.	13	*Judica.*	m. du soir.
Lundi.	14	S. Léandre	
Mardi.	15	S. Longin	
Mercr.	16	S. Abraham	
Jeudi.	17	Ste Gertrude	Prem.
Vendr.	18	S. Alexandre	Quartier le
Samedi.	19	S. Joseph	17 à 6 h. 9
Diman.	20	*Pâques fleuri.*	m. du soir.
Lundi.	21	S. Joachim	
Mardi.	22	S. Paul, Evêque	
Mercr.	23	S. Eusebe	
Jeudi.	24	Ste Cath. de S.	
Vendr.	25	*Vendredi Saint*	Pleine
Samedi.	26	S. Jean Herm.	Lune le 25
Diman.	27	*PASQUES*	à 10 h. 17
Lundi.	28	S. Rupert	m. du soir.
Mardi.	29	S. Eustase	
Mercr	30	S. Rieule	
Jeudi.	31	Ste Balbine	

AVRIL.

Jours de la *sem.*	J. d. m.	Noms des Saints.	Phases de la Lune.
Vendr.	1	S. Hugues	
Samedi.	2	S. Fr. de P.	☾ Dern.
Diman.	3	*Quasimodo*	Quartier le
Lundi.	4	*L'Annonciation*	2 à 4 h. 32
Mardi.	5	S. Vincent. F.	m. du soir.
Mercr.	6	S. Hegesipe	
Jeudi.	7	S. Clotaire	
Vendr.	8	S. César	
Samedi.	9	Ste. Marie Egyp.	Nouv.
Diman.	10	S. Macaire	Lune le 9
Lundi.	11	S. Fulbert	à 7 h. 54 m.
Mardi.	12	S. Jules, Pape	du mat.
Mercr.	13	S. Hermen	
Jeudi.	14	S. Tiburce	
Vendr.	15	S. Paterne	
Samedi.	16	S. Druon	☽ Prem.
Diman.	17	S. Anicet	Quatier le
Lundi.	18	S. Léon, Pape	16 à 9 h. 77
Mardi.	19	S. Anselme	m. du mat.
Mercr.	20	Invent. de S. D.	
Jeudi.	21	Ste. Opportune	
Vendr.	22	S. George	
Samedi.	23	S. Robert	
Diman.	24	S. Vital, Martyr	Pleine
Lundi.	25	S. Marc. *Abst.*	Lune le 24
Mardi.	26	S. Clet	à 2 h 21 m.
Mercr.	27	S. Antime	du soir.
Jeudi.	28	S. Anastase	
Vendr.	29	Ste Marie Eg.	
Samedi.	30	S. Eutrope	

Nombre d'Or, 19.

M A I.

Jours de la sem.	*J. d. m.*	*Noms des Saints.*	*Phases de la Lune.*
Diman.	1	S. Jacq. & S. Ph.	
Lundi.	2	*Rogations*	Dern.
Mardi.	3	Inv. Ste Croix	Quartier le
Mercr.	4	Ste Monique	2 à 0 h 37
Jeudi.	5	*Ascension*	m. du m.
Vendr.	6	*Jean P. L.*	
Samedi.	7	S. Stanislas	
Diman.	8	Ap. S. Michel	Nouv.
Lundi.	9	S. Grég. de N.	Lune le 8
Mardi.	10	S. Gordian	à 4 h. 40 m.
Mercr.	11	S. Mamert	du soir.
Jeudi.	12	S. Nérée	
Vendr.	13	S. Servais	
Samedi.	14	*Vigile, Jeûne.*	
Diman.	15	*PENTECÔTE*	
Lundi.	16	S. Honoré	Prem
Mardi.	17	S. Felix	Quartier le
Mercr.	18	*Quatre-Tems.*	16 à 3 h.
Jeudi.	19	S. Yves	9 m. du m.
Vendr.	20	S. Bernardi	
Samedi.	21	S. Hospice	
Diman.	22	*La Trinité*	
Lundi.	23	S. Didier	
Mardi.	24	S. Donatien	Pleine
Mercr.	25	S. Urbin	Lune le 24
Jeudi.	26	*Fête-Dieu*	à 3 h. 37
Vendr.	27	S. Hildevert	m. du m.
Samedi.	28	S. Germain	Dern.
Diman.	29	S. Maximin	Q. le 31 à
Lundi	30	S. Hubert	6 h. 12 m.
Mardi.	31	Ste Petronille	du matin.

JUIN.

Jours de la *ſem.*	J. d. m	*Noms des Saints.*	*Phaſes de la Lune.*
Mercr.	1	S. Probat	
Jeudi.	2	*Octav. F. Dieu*	
Vendr.	3	Ste Clotilde	
Samedi.	4	S. Optat	
Diman.	5	S. Boniface	
Lundi.	6	S. Claude	
Mardi.	7	S. Norbert	Nouv.
Mercr.	8	S. Médard	Lune le 7
Jeudi.	9	S. Liboire	à 1 h. 53
Vendr.	10	S. Landri	m. du mat.
Samedi.	11	S. Barnabé	
Diman.	12	Ste Baſilide	
Lundi.	13	S. Antoine de P.	
Mardi.	14	S. Rufin	Prem.
Mercr.	15	S. Fargeau.	Quartier le
Jeudi.	16	S. Aurélien	14 à 8 h. 43
Vendr.	17	S. Avit, Abbé	m. du ſoir.
Samedi.	18	Ste Marine	
Diman.	19	S. Ger. & S. Prot.	
Lundi.	20	S. Silvere	
Mardi	21	S. Leufroy	
Mercr.	22	S. Paulin	Pleine
Jeudi.	23	*Vigile, jeûne.*	Lune le 22
Vendr.	24	*Nativité S. J. B.*	2 h. 26 m.
Samedi.	25	Tranſl. de S. Eloi	du ſoir.
Diman.	26	S. Babolein	Dern.
Lundi	27	Ste. Irenée	Quartier le
Mardi.	28	*Vigile, jeûne.*	30 à 10 h.
Mercr.	29	*S. Pierre S. Paul*	30 m. du
Jeudi.	30	Com. S. Paul	mat.

Cycle ſolaire, 2.

JUILLET.

Jours de la sem.	*J. d. m.*	*Noms des Saints.*	*Phases de la Lune*
Vendr.	1	S. Martial	
Samedi.	2	Visitat. N. Dame	
Diman.	3	S. Anatole	
Lundi.	4	Tr. de S. Martin.	
Mardi.	5	S. Abel	Nouv.
Mercr.	6	S. Tranquil.	Lune le 6
Jeudi.	7	S. Th. Ev. de C.	à 0 h. 37
Vendr.	8	S. Thibault	m. du soir.
Samedi.	9	S. Cyrille	
Diman.	10	7 Freres Mac.	
Lundi.	11	Tr. S. Benoît	
Mardi.	12	S. Prix	
Mercr.	13	S. Turiaf	
Jeudi.	14	S. Bonaventure	Prem.
Vendr.	15	S. Henri	Quartier le
Samedi.	16	N. D. du C.	14 à 1 h.
Diman.	17	S Alexis	43 m. du s.
Lundi.	18	S. Clair	
Mardi.	19	S. Vinc. de Paule	
Mercr.	20	Ste Marguerite	
Jeudi.	21	S. Victor	Pleine
Vendr.	22	Ste Magdelaine	Lune le 21
Samedi.	23	Ste Apolline	à 1 h. 35 m.
Diman.	24	*Jours Canicul.*	du soir.
Lundi.	25	S. Jacq. S. Christ	
Mardi.	26	Tr. de S. Marcel	
Mercr.	27	S. Georges	
Jeudi.	28	Ste Anne	Dern.
Vendr.	29	Ste Marthe	Quartier le
Samedi	30	S. Abdon	28 à 3 h. 26
Diman.	31	S. Germain. Aux.	m. du soir.

AOUST.

Jours de la ſem.	J. d. m.	Noms des Saints.	Phaſes de la Lune.
Lundi.	1	S. Pierre ès liens	
Mardi.	2	S. Etienne, Pape	
Mercr.	3	Inv. S. Etienne	
Jeudi.	4	S. Dominique	
Vendr.	5	S. Yon, Martyr	Nouv. Lune le 5 à 1 h. 41 m. du mat.
Samedi	6	Transfig. N. S.	
Diman.	7	S. Gaëtan	
Lundi.	8	S. Juſtin	
Mardi.	9	S. Domitien	
Mercr.	10	S. Laurent	
Jeudi.	11	Suſc. de Ste. C.	
Vendr.	12	Ste. Claire	
Samedi.	13	*Vigile, jeûne.*	Prem. Quartier le 13 à 5 h. 39 m. du mat.
Diman.	14	S. Hipolyte	
Lundi.	15	*L'Aſſomption*	
Mardi.	16	S. Roch	
Mercr.	17	S. Anaſtaſe	
Jeudi.	18	Ste Hélene	
Vendr.	19	S. Agapit	
Samedi.	20	S. Bernard	Pleine Lune le 20 à 7 h. 56 m. du mat.
Diman.	21	S. Privat	
Lundi.	22	S. Symphorien	
Mardi.	23	Ste. Thimoth.	
Mercr.	24	S. Barthelemi	
Jeudi.	25	*S. Louis, Roi.*	
Vendr.	26	*Fin des Jours C.*	Dern. Quartier le 26 à 10 h. 18 m. du matin.
Samedi.	27	S. Céſaire	
Diman.	28	S. Auguſtin	
Lundi.	29	S. Médéric	
Mardi.	30	S. Fiacre	
Mercr.	31	S. Ovide	

SEPTEMBRE.

Jours de la sem.	*J. d. m.*	*Noms des Saints.*	*Phases de la Lune.*
Jeudi.	1	S. Leu, S. Gilles	
Vendr.	2	S. Lazare	
Samedi.	3	S. Grégoire	Nouv.
Diman.	4	Ste Rosalie	Lune le 3
Lundi.	5	S. Victorin	à 5 h. 6 m
Mardi.	6	S. Zacharie	du soir.
Mercr.	7	S. Cloud	
Jeudi.	8	*Nativité N. D.*	
Vendr.	9	Ste Reine	
Samedi.	10	S. Nicolas de Tol.	
Diman.	11	S. Patient	Prem.
Lundi.	12	S. Raphael	Quartier le
Mardi.	13	S. Maurille	11 à 8 h.
Mercr.	14	*Quatre-Tems*	10 m. du
Jeudi.	15	S. Nicodeme	soir.
Vendr.	16	S. Cyprien	
Samedi.	17	S. Lambert	
Diman.	18	S. Th. de V.	Pleine
Lundi.	19	S. Janvier	Lune le 18
Mardi.	20	S. Eustache	à 4 h. 12
Mercr.	21	S. Mathieu	m. du mat.
Jeudi.	22	S. Maurice	
Vendr.	23	Ste Thecle	
Samedi.	24	S. Andoche	
Diman.	25	S. Firmin	Dern.
Lundi.	26	Ste Justine	Quartier le
Mardi.	27	S. Côme, S. Dam.	25 à 8 h.
Mercr.	28	S. Ceran	36 m. du
Jeudi.	29	S. Michel	matin.
Vendr.	30	S. Jérôme	

Indiction Romaine, III.

OCTOBRE.

Jours de la sem.	*J. d. m.*	*Noms des Saints.*	*Phases de la Lune.*
Samedi.	1	S. Remi, Evêque	
Diman.	2	SS. Ang. Gard.	
Lundi.	3	S. Denis, Abbé	Nouv.
Mardi.	4	S. François	Lune le 3 à
Mercr.	5	Ste Aure	10 h. 9 m.
Jeudi.	6	S. Foi	du matin.
Vendr.	7	S. Serge	
Samedi	8	Ste Brigitte	
Diman.	9	*S. Denis*	
Lundi.	10	S. Paulin	
Mardi	11	S. Agilbert	Prem.
Mercr.	12	S Venant	Quartier le
Jeudi.	13	S. Géraut	11 à 7 h.
Vendr.	14	S. Caliſte	1 m. du m.
Samedi.	15	Ste Thérefe	
Diman	16	S. Gal. Abbé	
Lundi.	17	S. Cerbonet	
Mardi.	18	S. Luc, Evang.	Pleine
Mercr.	19	S. Loup, Ev.	Lune le 18
Jeudi.	20	S. Caprais	à 1 h. 1 m
Vendr.	21	Ste Urſule	du matin.
Samedi.	22	S. Melon	
Diman.	23	S. Romain	
Lundi.	24	S. Magloire	Dern.
Mardi.	25	S. Crépin, S. Cré.	Quartier le
Mercr.	26	S. Ruſtique	24 à 11 h.
Jeudi.	27	S Frumence	1 m. du ſ.
Vendr.	28	S. Simon S Jude	
Samedi.	29	S. Narciſſe	
Diman.	30	S. Quentin	
Lundi.	31	*Vigile, jeûne*	

NOVEMBRE.

Jours de la ſem.	J. d. m.	Noms des Saints.	Phaſes de la Lune.
Mardi.	1	*La Touſſaint*	
Mercr.	2	*Les Trépaſſés*	Nouv
Jeudi.	3	S. Marcel	Lune le 2
Vendr.	4	S. Charles	à 3 h. 48
Samedi.	5	S Hubert	m. du mat.
Diman.	6	S. Leonard	
Lundi.	7	S. Baudin	
Mardi.	8	Stes Reliques	
Mercr.	9	S. Mathurin	Prem.
Jeudi.	10	S. Martin, Pape	Quartier le
Vendr.	11	S. Martin, Evêq.	9 à 7 h. 58
Samedi	12	S. René, Evêque	m. du mat.
Diman.	13	S Brice, Evêque	
Lundi.	14	S. Emilien	
Mardi.	15	S. Eugêne	
Mercr.	16	S. Edme	Pleine
Jeudi.	17	S. Agnan	Lune le 16
Vendr.	18	S. Odon	à 10 h 59
Samedi.	19	Ste Eliſabeth	m. du mat.
Diman.	20	S. Edmon	
Lundi.	21	La Préſent. N. D.	
Mardi.	22	Ste Cécile	
Mercr.	23	S. Clément	Dern
Jeudi.	24	S. Séver. le Solit.	Quartier le
Vendr.	25	Ste Catherine	25 à 5 h.
Samedi.	26	Ste Gen. des Ard.	21 m du
Diman.	27	*Avent.*	ſoir.
Lundi.	28	S. Malo	
Mardi.	29	S. Saturnin	
Mercr.	30	S. André	

DÉCEMBRE.

Jours de la sem.	*J. d. m.*	*Noms des Saints.*	*Phases de la Lune*
Jeudi.	1	S. Eloi	Nouv.
Vendr.	2	S. François Xav.	Lune le 1 à
Samedi.	3	Ste. Anême *Jeûn.*	8 h. 57 m.
Diman.	4	Ste Barbe	du soir.
Lundi.	5	S. Sabas	
Mardi.	6	S. Nicolas	
Mercr.	7	S. Ambroise	
Jeudi.	8	*Concept. N. D.*	
Vendr.	9	Ste Gorg. *Jeûne.*	Prem.
Samedi.	10	Ste. Valere *Jeûne.*	Quartier le
Diman.	11	S. Damase	9 à 5 h. 1
Lundi.	12	S. Valeri	m. du m.
Mardi.	13	Ste Luce,	
Mercr.	14	*Quatre-Tems*	
Jeudi.	15	S. Memin	Pleine
Vendr.	16	Ste Adélaïde	Lune le 15
Samedi	17	S. Lazare	à 10 h. 45
Diman.	18	S. Gatien	m. du soir.
Lundi.	19	S. Timoléon	
Mardi.	20	S. Liberat	
Mercr.	21	S. Thomas	
Jeudi.	22	S. Flavien	
Vendr.	23	Ste Victoire	Dern.
Samedi.	24	*Vigile, jeûne*	Quartier le
Diman	25	*NOEL.*	23 à 2 h.
Lundi.	26	*S. Etienne, Mar.*	16 m. du s.
Mardi.	27	*S. Jean, Evang.*	
Mercr.	28	SS. Innocens.	Nouv.
Jeudi.	29	S. Thomas C.	Lune le 31
Vendr.	30	S. Roger	à 0 h. 48
Samedi.	31	S. Silvestre	m. du soir.

LISTE

DE MESSIEURS

LES ANCIENS ADMINISTRATEURS.

SYNDIC.

GEORGES-JOSEPH PELLETIER.

ADMINISTRATEURS EN CHARGE.

1784.

GASTON DOUCET.

JEAN-BERNARD RESTOUT.

1785.

SECRÉTAIRE.

JACQUES-FRANÇOIS DE MACHY. 1768

B

MESSIEURS LES ANCIENS.

	ANN.
CLAUDE-DENIS COCHIN, Doyen.	1734
André Germain.	1743
Charles-Conſtantin Deſpeignes.	1746
Nicolas Rouſſeau.	1750
Charles-Pierre Boulanger.	1752
Antoine Delamotte.	1754
François Payen.	1756
Nicolas-André de Noireterre.	1760
Henri-Gervais Sauvage.	1761
François Coſſeron-Etienne.	1762
Charles-Nicolas-Louis Ronceray.	1764
Louis-François Fillemin.	1766
Maurice Pichault.	1767
Pierre le Prieur.	1769
Germain Chayé.	1770
Jean-Nicolas Roule.	1771
François-Michel Deshomets.	1772
Antoine-Michel Moret.	
Claude Polliſſard.	1773
Benoît Bénard.	1774
Charles-Philibert Deſprés.	
Jean-Philippe Montauban.	1775
Matthieu-Martin Doré.	
Pierre Vignon.	1776
Antoine Moinery.	

	ANN.
Louis-Michel-Edme Lamotte. Charles-François Bailly du Coudray.	1777
Adrien-Fidele le Camus.	1778
Athanase Delonchamp.	1779
Eloi-Charles Fieffé.	1779
Augustin Debourges. Vrain-Antoine Vée.	1780
Jacques-Charles Butard. Antoine Genthon.	1781
Jean-Baptiste Grimoult. Louis Darlot.	1781
PIERRE-LUCIEN BARNOU, Doyen d'année.	1784

ÉTAT DES DIOCÈSES

Auxquels les Grands-Meſſagers-Jurés, ſont nommés par les quatre Nations de la Faculté des Arts.

NATION DE FRANCE.

A.	*A.*
Acqs.	*Aquæ Tarbellicæ*
Agde.	*Agatha.*
Agen.	*Aginnum.*
Ajaccio.	*Urſinium.*
Aire.	*Aeria.*
Aix.	*Aqu e ſextiæ.*
Alais.	*Aleſia.*

Nota. Comme les Proviſions de l'Univerſité ſont en latin, on a cru faire plaiſir d'ajouter au nom françois de chaque Diocèſe, ſon nom latin.

Alatry.	*Aletrium.*
Alby.	*Albiga.*
Aleria.	*Aleria.*
Aleth.	*Electa.*
Angers.	*Andegavum.*
Angoulême.	*Inculisma.*
Aost.	*Augusta prætoria.*
Apt.	*Apta Julia.*
Arles.	*Arelate.*
Avignon.	*Avenio.*
Avila.	*Abula.*
Ausch.	*Augusta Ausiorum.*
Autun.	*Augustodunum, vel Bibracte.*
Auxerre.	*Autissiodorum.*
B	*B*
BARY.	*BARIUM.*
Bastie.	*Bastia mantinum.*
Bazas.	*Vasate.*
Bayonne.	*Bayona.*
Belley.	*Belica.*
Bénévent.	*Beneventum.*
Bergame.	*Bergamum.*
Besançon.	*Vesontio.*
Béthléem.	*Bethleem.*
Beziers.	*Biterræ.*
Blois.	*Blesæ.*
Bologne.	*Bononia.*
Bordeaux.	*Burdigalum.*
Bourges.	*Biturigæ.*
Bragance.	*Brigantia.*

S. Brieux.	*Briocum.*
Burgos.	*Bravum Burgi.*
C	***C***
CAHORS.	*CADURCI.*
Capoue.	*Capua.*
Carcassonne.	*Carcasso.*
Carpentras.	*Carpentoracte.*
Castres.	*Castra.*
Cavaillon.	*Cabellio.*
Châlons sur Marne.	*Catalaunum.*
Châlons sur Saône.	*Cabillonum.*
Chartres.	*Carnutum.*
S. Claude.	*Sanctus Claudius.*
Clermont.	*Claromons.*
Cominges.	*Convenæ.*
Compostelle.	*Brigantium.*
Condom.	*Condomium.*
Conimbre.	*Coimbrica.*
Couserans.	*Consorani.*
Crémone.	*Cremona.*
D	***D***
DIE.	*DEA Vocontiorum.*
Digne.	*Dinia.*
Dijon.	*Divio.*
Dol.	*Dola.*
E	***E***
EAULE.	*ELUSA.*
Embrun.	*Ebrodunum.*

Evora.	*Ebora.*
F	*F*
FANO.	*FANUM fortunæ.*
Ferrare.	*Ferraria.*
Florence.	*Florentia.*
Saint-Flour.	*Flori fanum.*
Frejus.	*Forum Julii.*
G	*G*
GALARY.	*GALARIA.*
Gap.	*Vapincum.*
Geneve.	*Geneva.*
Genes.	*Genna.*
Glandeve.	*Glanateva.*
Grasse.	*Grassa.*
Grenade.	*Granata.*
Grenoble.	*Gratianopolis.*
I	*I*
S. Jean de Maurienne.	*MAURIANA.*
L	*L*
LANGRES.	*LINGONÆ.*
La Rochelle.	*Rupella.*
Lavaur.	*Vaurium.*
Lescar.	*Lascurra.*
Lectoure.	*Lectora.*
Limoges.	*Lemovicum.*
Lisbonne.	*Ulissippo.*

Lodeve.	*Luteva.*
Lombès.	*Lombarium.*
Luçon.	*Lucio.*
Lyon.	*Lugdunum.*
M	*M*
MACON.	*MATISCO.*
Maguelone.	*Magalona.*
Majorque.	*Majorca.*
Saint-Malo.	*Macloviopolis.*
Le Mans.	*Cenomanum.*
Mariana.	*Marianopolis.*
Marſeille.	*Maſſilia.*
Mende.	*Mimate.*
Meaux.	*Meldæ.*
Meſſine.	*Meſſana.*
Milan.	*Mediolanum.*
Mirepoix.	*Mirapiſca.*
Montpellier.	*Mons-Peſſulanus.*
Montauban.	*Mons-Albanus.*
Mouſtier en Tarantaiſe.	*Monaſterium.*
N	*N*
NANTES.	*NANNETÆ.*
Naples.	*Neapolis.*
Narbonne.	*Narbo.*
Nebio.	*Nebio.*
Nevers.	*Nivernum.*
Nice.	*Nicea.*
Nîmes.	*Nemauſus.*

O	*O*
OLERON.	*ULIARUS.*
Orange.	*Arausio.*
Orléans.	*Aureliæ.*
Orviette.	*Urbiventum.*
P	***P***
PADOUE.	*PATAVIUM.*
Palerme.	*Panormum.*
Pamiers.	*Apamia.*
Paris.	*Lutetia.*
S. Papoul.	*Sanctus Populus.*
Parme.	*Parma.*
Pavie.	*Papia, vel Ticinum.*
S. Paul 3 Châteaux.	*Augusta tricastinorum.*
Périgueux.	*Petrocorii, vel Vesunna.*
Poitiers.	*Pictavium.*
S. Pol de Léon.	*Legio.*
S. Pons.	*Pontiopolis.*
Le Puy.	*Podium.*
Q	***Q***
QUIMPER.	*CORISOPITÆ.*
R	***R***
REGHE.	*REGIUM Julii.*
Reggio.	*Regium Lepidi.*
Rennes.	*Condate Rhedones.*
Rheims.	*Remi.*
Rodez.	*Segodunum, vel Ruteni.*

Riez.	*Reii Apollinarii.*
Rieux.	*Rivi.*
Rome.	*Roma.*
Rossane.	*Roscianum.*
S	*S*
SAGONE.	*SAGONUM.*
Saintes.	*Santonnes.*
Sarragosse.	*Cæsaræa Augusta.*
Sarlat.	*Sarlatum.*
Senez.	*Sanitium.*
Sens.	*Senones.*
Sienne.	*Sæna.*
Siguenza.	*Seguntia.*
Sisteron.	*Segustero.*
Spolette.	*Spoletum.*
T	*T*
TARRAGONE.	*TARRACO.*
Tarbes.	*Tarba.*
Tarente.	*Taruntuna.*
Tolede.	*Toletum.*
Toulon.	*Telo Martius.*
Toulouse.	*Tolosa.*
Tours.	*Casarodunum, vel Turones.*
Tréguier.	*Trecorium.*
Trente.	*Tridentum.*
Troyes.	*Trecæ.*
Tulles.	*Tutela.*
Turin.	*Augusta Taurinorum.*

V	*V*
Vabres.	*Vabrincum.*
Vaiſon.	*Vaſio.*
Valance.	*Valentia Hiſp.*
Valence.	*Valentia Delphin.*
Vannes.	*Venetia Gallor.*
Vence.	*Ventium.*
Veniſe.	*Venetiæ.*
Vienne.	*Vienna Allobrog.*
Viviers.	*Vivarium.*
U	*U*
Usez.	*Useriæ.*

NATION DE PICARDIE.

A	*A*
Amiens.	*Ambianum.*
Anvers.	*Antuerpiæ.*
Arras.	*Atrebates.*
B	*B*
Beauvais.	*Bellovacum.*
Bois-le-Duc.	*Silva Ducis.*
Boulogne.	*Bononia.*
Bruges.	*Brugæ.*
C	*C*
Cambrai.	*Cameracum.*

G	*G*
GAND.	*GANDAVUM.*
L	*L*
LAON.	*LAUDUNUM.*
Liége.	*Leodium.*
M	*M*
MAESTRICHT.	*TRAJECTUM ad Mosam.*
Malines.	*Mechliniæ.*
Middelbourg.	*Middelburgum.*
N	*N*
NAMUR.	*NAMURCUM.*
Noyon.	*Noviomagus.*
O	*O*
SAINT-OMER.	*Audomaropolis.*
R	*R*
RUREMONDE.	*RUREMUNDA.*
S	*S*
SENLIS.	*SILVANECTUM.*
Soissons.	*Suessiones.*
T	*T*
TEROUENNE.	*TARVANNA.*
Tongres.	*Tungri.*

Y	*Y*
YPRES.	*YPRA.*

NATION DE NORMANDIE.

A	*A*
AVRANCHES.	*ABRINCÆ.*
B	*B*
BAYEUX.	*BAJOCÆ, vel Juliobona.*
C	*C*
COUTANCES.	*CONSTANTIA, vel Cosediæ.*
E	*E*
EVREUX.	*EBROICÆ.*
L	*L*
LISIEUX.	*LEXOVIUM.*
R	*R*
ROUEN.	*RHOTOMAGUM.*
S	*S*
SEEZ.	*SAGIUM.*

NATION D'ALLEMAGNE.

A	*A*
ABO.	*ABOA.*
Acerenza.	*Acherontia.*

Agria.	*Abieta.*
Aichſtedt.	*Driopolis.*
Albejule ou Weiſem-bourg.	*Albajulia.*
Alborg.	*Alburgum.*
Ancenza.	*Ancezanum.*
Saint-André.	*Regimunda.*
Anſlo.	*Anciola.*
Aremberg.	*Aremberga.*
Ardart.	*Ardatium.*
Arhuſen.	*Arhuſia.*
Armach.	*Armacha.*
Saint-Aſaph.	*Sancti Aſaphi fanum.*
B	*B*
BAMBERG.	*BAMBERGA.*
Bangor.	*Bangorium.*
Baſle.	*Baſilæa.*
Bath.	*Butonia.*
Bergenhus.	*Berga.*
Brandebourg.	*Brandeburgum.*
Bréchen.	*Brechinium.*
Brême.	*Brema.*
Breſlaw.	*Vratiſlavia.*
Briſtol.	*Briſtolia.*
Brixen.	*Brixinum.*
C	*C*
CAMIN.	*CAMINUM.*
Cantorbery.	*Cantuaria.*
Carlile.	*Carleolum.*
Çashell.	*Caſſilia.*

Chausbourg.	*Chausburgum.*
Chelm.	*Chelma.*
Chiester.	*Cestria.*
Chiemsée.	*Chiemus.*
Chichester.	*Cicestria.*
Chonad.	*Cenadium.*
Christiana.	*Christianopolis.*
Cleves.	*Clivia.*
Clogher.	*Clogheria.*
Coire.	*Curia rhetorum.*
Collace.	*Cola.*
Cologne.	*Colonia Agrippina.*
Constance.	*Constantia.*
Copenhague.	*Codania, vel Hafnia.*
Corck.	*Corcagia.*
Cracovie.	*Carrodunum.*
Cujavie.	*Cujavia.*
Culm.	*Culmia.*
D	*D*
SAINT-DAVID.	*MENEVIA.*
Derpt.	*Torpatum.*
Deventer.	*Daventria.*
Saint-Die.	*Sanctus Deodatus.*
Dublin.	*Dublinium.*
Dumblain.	*Dumblanum.*
Dundalkd.	*Dundalcum.*
Durham.	*Dunelmum.*
E	*E*
EDIMBOURG.	*EDIMBURGUM.*

Elphin.	*Elphina.*
Ely.	*Helia.*
Exceſter.	*Exonia.*
F	***F***
FRISINGHEN.	*FRUXINUM.*
G	***G***
GLASCOW.	*GLASCUA.*
Gloceſter.	*Claudia Caſtra.*
Gneſne.	*Gneſna.*
H	***H***
HAFNIA.	*HAFNIA.*
Halberſtadt.	*Halberſtadium.*
Hambourg.	*Hamburgum.*
Harlem.	*Harlemum.*
Havelberg.	*Havelberga.*
Herford.	*Herefordia.*
Hermanſtadt.	*Cibinium.*
Hildesheim.	*Hildæſia.*
I	***I***
LES Iſles.	*INSULÆ.*
K	***K***
KILLALOW.	*KILALÆA.*
Kilmor.	*Kilmora Scotica.*
Kilmore.	*KilmoraHibernorum.*
Kiow.	*Kiovia.*
L	***L***
LAVAMIND.	*LAVAMUNDA.*

Lauſanne.

Lausanne.	*Lausanna.*
Lebufs.	*Lebussa.*
Léopold.	*Leopolis.*
Lewarden.	*Leovardia.*
Limerick.	*Laberus.*
Lincoln.	*Lindecollinum.*
Lincopen.	*Lincopia.*
Londonderi.	*Roboretum.*
Londres.	*Londinum.*
Lubec.	*Lubecum.*
Luden.	*Lubbena.*
M	*M*
MAGDEBOURG.	*MAgdeburgum.*
Mayence.	*Moguntia.*
Man.	*Mona.*
Mealte.	*Mealtum.*
Mednicky.	*Mednicia.*
Meissen.	*Misna.*
Metz.	*Metæ.*
Meckelbourg.	*Megalopolis.*
Middelbourg.	*Midelburgum.*
Minde.	*Munda.*
Monrofs.	*Monsrosarum.*
Munster.	*Momonia.*
Murray ou Elgein.	*Elgia.*
N	*N*
NANCY.	*NANCEIUM.*
Naubourg.	*Neoburgum.*
Neustadt.	*Neostadium.*
Nidrosie.	*Nidrosia.*

Norwick.	*Nordovicum.*
O	*O*
OLMUTZ.	*OLOMUTIUM.*
Oſnabruck.	*Oſnaburgum.*
Oſtfriſe.	*Embda.*
Oxford.	*Oxonium.*
P	*P*
PADERBORN.	*PADERBONA.*
Paſſaw.	*Paſavia.*
Péterſbourg.	*Petropolis.*
Pilſen & Egra.	*Pelſina & Meſnogada*
Plosko.	*Ploſcum.*
Poſnanie.	*Poſna.*
Prague.	*Praga.*
Prémiſlaw.	*Primiſlavia.*
R	*R*
RAAB.	*JAURINUM.*
Rapel.	*Rapa.*
Ratiſbonne.	*Reginopolis.*
Ratzbourg.	*Raceburgum.*
Revel.	*Revalia.*
Riga.	*Riga.*
Ripen.	*Ripa.*
Rocheſter.	*Roſſa.*
Roſchild.	*Roſchildia.*
S	*S*
SALTZBOURG.	*SALISBURGUM.*
Salisbury.	*Sorviodunum.*

Seckau.	*Secovia.*
Sion.	*Sedunum.*
Smolensko.	*Smolencum.*
Spire.	*Spira.*
Stavanger.	*Slavengarum.*
Straſbourg.	*Argentoratum.*
Strengnes.	*Stregneſia.*
Strigonie.	*Strigonium.*
Szamiland.	*Szamilandia.*
T	*T*
TOAM.	*TUVOMONTIUM.*
Toul.	*Tullum leucorum.*
Treves.	*Auguſta Trevirorum.*
V	*V*
VERDEN.	*VERDA.*
Verdun.	*Virodunum.*
Veſprim.	*Veſprimium.*
Vienne.	*Vindobona.*
U	*U*
UPSAL.	*UPSALA.*
Utrecht.	*Ultrajectum.*
W	*W*
WARADIN.	*VARADIUM.*
Waterfort.	*Vaterfordia.*
Wilna.	*Vilna.*
Wincheſter.	*Vintonia.*
Wiſbourg.	*Wisburgum.*

Wilsby.	*Viburgum.*
Worchester.	*Vigomia.*
Wormes.	*Borbetomagus.*

Y — *Y*

YORCK. — *EBORACUM.*

Z — *Z*

ZAGRAAB. — *SCISCIA.*

LISTE ALPHABÉTIQUE

DE MESSIEURS

LES GRANDS MESSAGERS JURÉS,

Avec leurs noms, surnoms, demeures & qualités; on y a joint la date de leur réception, & le Diocèse dont chacun est titulaire.

NAT.	A.	ANN.
A.	LOUIS-HENRY ADMIRAULT, Horloger, *rue du Harlay*, *maison de M. Renaud*, Anslo.	1740
F.	Etienne Alabat, Marchand de soie, *rue de Bussy*, Aleth.	1770

Nat.		Ann.
A.	Nicolas Altxandre, *rue Neuve S. Méderic.*, Midelbourg.	1777
N.	Silvain Allaire, Négociant, *rue des Noyers, chez le Commiſſaire Dupuis*, Rouen.	1780
P.	Jean-Armand, Marchand Pelletier, *rue du Marché-Palu*, Malines.	1782
A.	Meſſ. Gentien Aſſelineau Desmazures de la Prenneville, Seigneur de la Baxiere, *rue Thévenot*, Prague.	1781
F.	Benoît Aubaille, Marchand de Vin, *rue Poiſſonniere, chez M. Labuſſiere, Banquier*, Narbonne.	1764
F.	Pierre-Joſeph Aubriet, Négociant, *rue des cinq Diamans, chez M. Boulanger*, Die.	1778
A.	Me Jacques-Matthieu Augeard, Conſeiller d'État & Fermier-Général, *Boullevard Montmartre*, Chicheſter.	1777
A	Jean Baptiſte-Martin Auvray, Négociant, *rue des Poulies*, Yorch.	1771
	B.	
F.	Jean-Baptiſte Babois, Marchand Mercier, *quai Pelletier, chez*	1767

NAT.		ANN.
	M. Ducy. Marchand Orfévre, S.-Jean de Maurienne	1767
A.	Messire Jean-Jacques Bâcon de la Chevalerie, Chevalier de S. Louis, Colonel d'Infanterie, *rue des petites Ecuries, Fauxbourg Saint Denis*, Smolensko.	1774
A.	Charlemagne Baignoux, Négociant, *rue de l'Aiguillerie, chez M. de Bra.y*, Havelberg	1778
F.	Charles-François Bailly-du-Coudray, Maître en Pharmacie, *rue Sainte-Croix-de-la-Bretonnerie*, Agen.	1771
F.	Messire François Bardonet de Torgues, Ecuyer, *rue de l'Etoile, près S. Gervais*, Saint-Papoul.	1783
F.	Pierre-Lucien Barnou, Marchand Mercier, *Pont au Change*, Saint-Brieux.	1781
F.	François Belargent, ancien Marchand Mercier, *rue Saint Honoré*, Grasse.	1781
F.	Messire Claude-Gaspard Bauderon, Avocat au Parlement, *rue Feydeau*, Tours.	1770
A.	Louis Béchu, Négociant, *rue S. Dominique, Fauxbourg S.*	

Nat.		Ann.
	Jacques, *Messagerie d'Arpajon*, Harlem.	1773
A.	Benoît Benard, Marchand Mercier, *rue de l'Arbre-Sec*, Paderborn.	1771
A.	Alexis-Benoît Benon, Commissionnaire de Vins, *quai des Ormes*, *près le Caffé*, Revel.	1757
A.	Nicolas-François Bernard, Avocat, *rue des Barres*, Lubeck.	1766
A.	Me. Honoré Berard, Avocat au Parlement, *Barriere de Vaugirard*, Limerick.	1776
A.	Mess. François-Joseph Berardier de Bataux, Licentié en Théologie, &c. *rue de Condé*, Acerenza.	1773
F.	Jean Bergeon, Marchand, *rue Troussevache*, Tarente	1760
F.	Jacques Bernard, Maître Menuisier, *rue Jocquelet*, Grenade.	1776
F.	Philippe Bernard, l'un des douze Marchands de Vins du Roi, *rue des Saints-Peres*, Ajaccio.	1776
F.	Jean Betteuil, Négociant, *rue des Marmouzets*, *chez l'Epicier*, Alby.	1782
A.	Pierre-Antoine Bezançon, Marchand Epicier, *rue du Temple*, Cantorbery.	1783

Nat.		Ann.
F.	Jean-Baptiſte Bibas, Négociant, *Cloître S. Jacques de la Boucherie*, Rieux.	1781
A.	Louis Bertrand, Marchand, *chez M. Montauban, rue S. Denis*, Corck.	1770
A.	Louis-Pantaléon Hyacinthe Bourdon, Négociaur, *Paſſage de la Madeleine, Quai de l'Ecole*, Joanne.	1782
F.	Louis Bezodis, ancien Marchand Bonnetier, *rue S. Jacques de la Boucherie*, Toulouze.	1781
F.	T. H. P. S. Meſſire Etienne Bidal, Marquis d'Asfeld, Maréchal des Camps & Armées du Roi, *rue de l'Univerſité, Fauxbourg S. Germain*, Rennes.	1733
P.	Louis-François Binant, *rue de Vantadour*, Middelbourg.	1774
F.	Meſſire Jean-Baptiſte Blery, Seigneur de la Gache, *rue Galande, chez M. Pigneau, Marchand Epicier*, Avila.	1779
F.	Michel Nicolas Bocquet, Négociant, *chez un Orfévre, rue du Roule*, Rheges.	1798
F.	Pierre-François Bodaſſe, Tireur d'Or, *rue Saint Denis*, Glandeve.	1770

Nat.		Ann.
F.	Messire Ange-François-Hilaire-Auguste Boyer de Foresta, Marquis de Bandolle, Chevalier de Malthe, *rue de Vaugirard*, Evora.	1779
F.	Messire François-David Bollioud de Saint-Julien, Ecuyer, Receveur Général du Clergé, *rue d'Artois*, Tarantaise.	1770
A.	Joseph Bordier, Tanneur, *à la Halle aux Cuirs*, Vesprim.	1766
A.	J. B. Bouïn, Négociant, *rue Regratiere, Isle Saint Louis*, Luden.	1774
F.	Charles-Pierre Boulanger, Marchand Mercier, *rue des cinq Diamans*, Naples.	1750
A.	Nicolas Bouny, Chirurgien, *rue de Gesvres, chez M. Leroi, Limonadier*, Collace.	1769
F.	François Bouquerel Després, Négociant, *Cloître Saint-Merry*, Padoue.	1773
P.	Etienne-Augustin Bourdeaux, Négociant, *rue Bertin-Poirée*, Laon.	1777
F.	François Boursin, Président au Grenier à Sel d'Auxerre, *rue de Longpont*, Montpellier.	1779
A.	François-Antoine Bousquet,	

Nat.		Ann.
	Négociant, *rue Saint-Germain-l'Auxerrois, chez M. Rouſſeau fils*, Banquier, Camin.	1772
A.	Jean Boyer de Saint-Leu, ancien Echevin, *rue Simon-le-Franc*, Treves.	1768
P	Etienne Boyleau de la Pomeray, Bourgeois de Paris, *rue des Foſſés Saint-Germain l'Auxerrois*, Maëſtricht.	1773
F.	Jean-Juſte Brommer, Négociant, *Place des Victoires*, Lavaur.	1771
A.	Thomas-Maurice Bronod des Houzeaux, Avocat, *rue Haute-Feuille*, Nidroſie.	1939
F.	Meſſire Joſeph-Moulin Brunet, Marquis d'Evry, *rue de Vantadour*, Valence.	1753
A.	Claude Brunet, Maître ès-Arts, *rue de l'Hirondelle, au Cheval blanc*, Waradin.	1771
P.	Jacques-Gilbert Butard, Négociant, *rue S.-Denis*, Anvers.	1777

C.

Nat.		Ann.
A.	Antoine-Pierre Cailliaux, Marchand Rubanier, *Fauxbourg Saint Denis*, Léopold.	1779

Nat.		Ann.
F.	Edme Carpentier, Négociant, *rue S. Denis, près celle du Petit Lion*, Chenad	1784
F.	George Chagot, Marchand de Vins, *au Temple*, Auxerre	1773
F.	Etienne Chanony, Négociant, *rue Saint-Jacques, chez M. Binet, Professeur de Rhétorique*, Crémone.	1770
F.	Guillaume Chapeau, Négociant *rue Saint-Denis, chez M. Butard*, Ferrare.	1768
F.	Jean-André Chapelle, ancien Marchand Epicier, *rue du Jour*, Lescare.	1784
P.	Messire Antoine Chapsal, Seigneur de Chauve & de la Combe Saint-Julien, *rue de la Haumerie, chez le Chaudronnier*, Tongres.	1780
A.	Jean-Pierre Chassaing de Jouasse, ancien Chirurgien, *rue Saint-Dominique, près le Luxembourg*, Cologne.	1783
A.	Paul-Etienne-François-Christophe Chassin de Chemmerlin, Avocat, *rue S. Jacques*, Ripen.	1771
A.	Claude-André Champagne de Montreau, Marchand de Draps,	

Nat.		Ann.
	rue S. Martin, vis-à-vis celle Grenier Saint-Lazare, Le Puy.	1783
A.	Jean-Baptiſte-Nicolas Châtelain, Négociant, *rue de Bourbon-Château*, Dumblain.	1782
A.	Jeen-Baptiſte Chomereau, Avocat, *rue Vieille-Bouclerie*, Saint-Dié.	1782
F.	Germain Chayé, Marchand Orfévre, *Pont-au-Change*, Auſch.	1768
A.	Guillaume Corentin Chicaneau, Bourgeois, *rue S. Louis au Marais, chez M. Sanſon, Paveur*, Gneſne.	1782
F.	Jean Chemin de Sorgue, ancien Echevin de Vire, *rue Geoffroy-l'Aſnier*, Compoſtelle.	1771
A.	Louis Chotard, Marchand Mercier, *rue S. Honoré*, Norwick.	1771
F.	Claude Circaud de Seuilly, *rue des Grands-Degrés, à la Croix de Fer*. Nebio.	1776
F.	Remi Claye, *Place Baudoyer, chez l'Epicier*, Lyon.	1769
F.	Etienne Claye, *Place Baudoyer*, Belley.	1770
P.	Sire Claude-Denis Cochin, Ecuyer, ancien Echevin, *rue & Porte S. Jacques*, Bois-le-Duc.	1731

Nat.		Ann.
A.	Benoît Cointicourt, Négociant, *rue de la Limace*, Strasbourg.	1769
F.	Louis Compain, Maître Boucher, *rue des Martyrs, Fauxbourg Montmartre*, Sens.	1775
A.	François Cofferon Etienne, Marchand Mercier, *rue Thibautodé*, Verdun.	1773
P.	Nicolas-Louis Coudre Lacoudray, Négociant, *rue & Croix des Petits-Champs*, Liége.	1773
A.	Messire Jean-François Coypel, Seigneur de Villon, *Cloître Saint-Jacques l'Hôpital*, Brechen.	1780
F.	Claude Crampone, Avocat, *rue & Isle Saint-Louis*, S. Flour.	1775

D.

Nat.		Ann.
F.	Pierre-Adrien Dachery, Marchand Orfévre, *rue S. Martin*, Viviers.	1782
A.	Pierre Danet, Négociant, *rue Phelipeau*, Ardart.	1773
F.	Meff. Jacques-Geoffroy Dantrechaux, Chevalier, *rue des Mauvaises-Paroles*, Usez.	1740
F.	Messire Jean-Pierre-André Dan-	

Nat.		Ann.
	jou, Bachelier en Droit, *rue des Boucheries, F. S. Germain, chez le Commissaire*, Luçon.	1783
A.	Georges Dardel, Négociant, *rue Saint-Denis, près la rue du Petit Lion*, Culm.	1773
F.	Louis Darlot, l'un des 12 Marchands de Vin du Roi, *rue & vis-à-vis le Temple*, Fano.	1770
F.	Messf. Etienne Daubichon, Chevalier de S. Louis, *rue du Fauxb. S. Martin, au petit Hôtel Dutillet*, Bathe.	1781
A.	Messire Pierre-François-Paulin, Comte de Barral, ancien Capitaine de Dragons, *rue de Seine, près & vis-à-vis l'Hôtel de la Rochefoucault*,	1784
N.	Jean-Baptiste Debasseville, Marchand Mercier, *rue du Puits, près les Pilliers des Halles*, Séez.	1756
A.	T. H. & P. S. Christophe de Beaumont, Marquis, *rue & Isle S. Louis*, Saint-Asaph.	1773
F.	Messire Jean-Léon De Bonal, Baron de Castelnau, *rue Saint-Thomas Saint-Jacques*, Eaule.	1779
F.	Antoine-Isidore Debonne, Négo-	

NAT.		ANN.
	ciant, *rue du Fauxbourg S. Jacques, maison des Dames de la Visitation Ste Marie, chez M. Mimeret, Docteur de Sorbonne*, Quinpercorentin	1774
F.	Augustin Debourge, Md. Epicier, *rue Aubry-Boucher*, Trente.	1775
F.	Messire François De Briançon de Vachon, Marquis de Bellemont, Lieutenant des Camps & Armées du Roi, *rue de Varenne, Hôtel de Madame la Comtesse de Blet*; Orviette.	1766
F.	Mess. Jean-Baptiste-Antoine De Bretagne, Baron de Grignon, *au Jardin du Roi, chez M. Lucas*, Parme.	1774
F.	Pierre-Louis De Courtieux, *rue du petit Lyon, F. S. G. chez le Pâtissier*, Chartres.	1775
F.	Messire Guy-Joseph de Donnissant, Marquis de Sitran, Colonel du Régiment de Languedoc, Infanterie, *aux Galleries du Louvre, près Bourdeaux*, Valence.	1770
A.	Messire Jacques-Henri Desfroger d'Ignaucourt, Ecuyer, *rue de l'Hyrondelle*, Ancenza.	1766
A.	H. & P. S. Messire Louis De Gau-	

ville,

Nat.		Ann.
	ville, Sgr. de Coolus, ancien Mouſquetaire, & Inſpecteur des Haras de Champagne; *rue du Cheval-vert*, Dureſmes.	1770
F.	Meſſ. François-Jacques De Grouchy, Sieur de Villette, *rue Poiſſonniere, près celle Bergere*, Rodez.	1754
A.	Cyprien Dejoncourt, Négociant, *rue Clocheperche, chez M. Cahours*, Rocheſter.	1778
N.	Meſſ. Marc-Antoine De Joubert, Baron, Chevalier, &c. *rue de Tournon, Hôtel de Weſtphalie*, Avranches.	1779
A.	Pierre Delaborde, Tireur d'Or, *rue Saint-Antoine, près la Porte S. Pierre*, Mealte.	1733
F.	Meſſire Pierre-Ambroiſe De la Foreſt, Marquis d'Armaillé, *rue d'Anjou S. Honoré*, Tolede.	1775
A.	Nicolas Delafoſſe, Marchand Mercier, *rue de l'Arbre ſec, chez M. Benard*, Coire.	1747
A.	Meſſire Nicolas-Alexandre François De la Frenaye, Marquis de Saint-Aignan, *rue Saint-Dominique, Fauxbourg Saint Germain*, Metz.	1779
P.	François De la Grange de-Fot,	

NAT.		ANN.
	Bourgeois, *rue du Grand Chantier, chez M. le Comte de Barberin*, Amiens.	1775
A.	Jean-Bapt. de la Haye de Bouy, Négociant & Armateur, *rue de la Tixeranderie, chez M. de Baulaine, Procureur au Parlement*, Ily.	1782
A.	Sire Antoine Delamotte, ancien Consul, *rue Saint-Martin*, Waterford.	1751
A.	Mess. Adrien-Nicolas De la Salle, Marquis, *rue Taitbout*, Hermanstad.	1763
P.	Pierre Delaunay, Négociant, *rue Saint-Thomas du Louvre, chez M. Godin*, Boulogne-sur-mer.	1767
F.	Messire Guillaume-Jacques-François De Lanoy, Ecuyer, *rue Galande, chez M. Durand, Libraire*, Lodeve.	1778
F.	Sire Noël Delavoiepierre, Marchand Epicier, ancien Consul, *rue Coquilliere*, Grenoble.	1735
F.	René Deleinte, Marchand Orfévre, *rue des Francs-Bourgeois S. Michel*, Mayence.	1751
P.	Jacques-François Delépée, Architecte, *rue des Moulins*, Ruremonde.	1764

Nat.		Ann.
A.	Meſſire Jacques-Valentin Delic, Prieur, *rue de Bourbon Ville-neuve, près la Porte Saint-Denis*, Chelm.	1775
A.	Athanaſe J. B. Delonchamp, Braſſeur, *rue Mouffetard*, Mans.	1777
A,	Joſeph Delore, Maître Charpentier, *rue du F. S. Martin, près les Récollets*, Poſnanie.	1773
A.	Jacques-François Demachy, Cenſeur Royal, Maître en Pharmacie, des Académies des Curieux de la Nature, de Berlin, &c., *rue du Bacq*, Naubourg.	1767
A.	Meſſ. Charles-Louis de Merle, Comte, Baron d'Ambert, *rue de la Michaudiere, Chauſſée d'Antin*, Dublin.	1754
A.	Haut & Puiſſant Seigneur Meſſire Charles-Jean De Nettancourt-d'Hauſſonville-de-Vaubecour, Baron d'Orne, &c. Grand-Maître de la Louveterie, à Verſailles, *rue du Bacq*, Meckelbourg.	1765
A	Meſſire Denis de Saint-Robert, Ecuyer, *rue du Sentier Saint-Euſtache*, Friſinguen.	1767
A.	Jean Denis, Négociant, *rue Montorgueil*, Sion.	1772

Nat.		Ann.
A.	Nicolas - André Denoireterre, *Cul-de-Sac Comteſſe d'Artois*, Wencheſter.	1769
A.	Gilles - Gervais de Plaſman, Ecuyer, *rue S. Honoré, près S. Roch*, Hambourp.	1783
A.	Hubert Bernard Depreſles, Bourgeois, *rue du Mûrier*, Cheſter.	1773
A.	T. H. & P. S. Meſſire Amand de Saint-Chamans, Marquis, &c. *rue des Vieilles Thuilleries*, Saint-David.	1779
F.	Meſſire Jean Baptiſte de Secy, Comte de Montbeillard, Abbé Commendataire de Gimont & d'Eſcandre, *rue de Clery*, Embrun.	1779
F.	Meſſire Joſeph. Antoine-François Deſlacs, Marquis d'Arcambal, Brigadier des Armées du Roi, &c. *rue des Filles S. Thomas*, Tarragon.	1774
F.	Marc - Antoine Deſſaint, *rue Gille Cœur, chez M. Deconchy*, Saint-Pons.	1767
A.	François - Michel Deshomets, Marchand Mercier, *rue Mauconſeil*, Oxford.	1770
F.	Martin-Michel Deſionville, *rue Sainte Avoline, près la Porte Saint-Martin*, Digne.	1767

Nat.		Ann.
A.	Charles-Conſtantin Deſpeignes, Payeur des Rentes, *Cour Lamoignon*, Edimbourg.	1745
P.	Charles-Philibert Deſprés, Maître en Pharmacie, *rue Saint-Avoie*, Soiſſons.	1770
F.	Antoine Devaux, Marchand de Farine, *à Montmartre*, Chaalons-ſur-Saône.	1776
A.	Meſſire Philippe Deſvieux, Chevalier, Capitaine-Commandant Meſtre de-Camp gén. de la Cavalerie, *en ſon Hôtel, rue des Capucines*, Lindkoping.	1784
F.	Très-Haut Seigneur Meſſire Patrice Comte De Wal, Maréchal des Camps & Armées du Roi, *à S. Joſeph, rue Saint-Dominique*, Genêve.	1777
F.	Meſſ. Louis Silveſtre d'Irguimbert, Prêtre. Grand-Vicaire d'Amiens, Abbé de Moreuil, *Place Saint Hippolite, Fauxbourg Saint-Marcel*, Beziers.	1769
F.	François Doc, Huiſſier-Priſeur, *rue de l'Echelle*, Mâcon.	1773
F.	Matthieu-Martin Doré, Marchand Drapier, *rue Saint-Honoré, près S. Roch*, Blois.	1773
F.	Alexis-Gaſton Doucet, Mar-	

NAT.		ANN.
	chand de Soie, *rue S. Honoré, près celle des Déchargeurs*, Arles.	1781
A.	Laurent-Prudent Douceur, Négociant, *au Collége du Cardinal-le-Moine, chez M. Levasseur, Professeur de Rhétorique*, Ratzbourg.	1776
A.	Pierre Louis Doudet, *rue Porte-Foin, au Marais*, Neustadt.	1768
F.	René-Jacques-Thomas Drouineau, Marchand, *rue de l'Arbre-Sec, Maison de M. Benard*, Carpentras.	1776
A.	Augustin-Charles Dubin de Saint-Léonard, *rue Saint-Jean-de-Beauvais*, Pilsen & Egra.	1778
F.	Charles-Jérôme Dubin, ancien Greffier du Parlement, *Quai Bourbon, Isle S. Louis*, Sisteron.	1784
P.	Louis-Etienne Duflos de Maisoncelle. Ecuyer, *rue des Prouvaires*, Namur.	1784
P.	Pierre Dufour, Marchand de Vin en gros, *rue Regratiere, Isle S. Louis.*, Arras.	1783
A.	Louis-Philippe Dulac, Marchand Mercier, *rue Neuve des Petits-Champs*, Saint-André.	1770
A.	Arnoult Dupont de la Halliere,	

NAT.		ANN.
	Banquier, *rue de l'Homme Armé*, Bangor.	1773
F.	Charles Durieux, Pourvoyeur du Roi, *rue Montorgueil*, Tulles.	1778
F.	Antoine Dutemple, Marchand Joaillier, *rue de l'Arbre-sec*, Couserans.	1778
F.	Mess. François Duval, Conseiller au Châtelet, *Cloître Saint-Jean-en-Grève*, Castres.	1749
F.	Louis-Charles Duval de Nerville, Pensionnaire du Roi, *rue Merciere*, Vienne.	1772
	F.	
P.	Louis Favreau, *rue des Lions*, Bruges.	1767
F.	Joseph Fayol, Dentiste, *rue de Richelieu*, Aire.	1772
F.	Jean Fery, Négociant, *rue Montorgueil, à S. Christophe*, Riez.	1767
A.	Joseph Faure de la Pétouse, Entrepreneur des Ponts & Chaussées, *vielle rue du Temple*, Wormes.	1781
A.	Eloi - Charles Fieffé, Notaire, *Place Baudoyer*, Cashell.	1773
A.	Louis-François Fillemin, Ecuyer, Secrétaire du Roi en sa Chancellerie près le Parlement de Rouen, *rue du Fauconnier*,	

Nat.		Ann.
	près l'Ave-Maria, Monroſs.	1750
F.	Jean-Laurent Fiton, *rue des Marais*, Maguelone.	1775
A.	Meſſire Quentin Fouquier, Seigneur de Lanchy, *rue & Porte S. Jacques, Maiſon de M. Lecamus*, Kilmor en Irlande.	1777
A.	Denis-Leon Fournier, Marchand de Farines, *rue Montorgueil, au Compas d'or*, Prémiſlaw.	1771
F.	Pierre-Genoult Franquelin des Iſles, *rue de Berry, Fauxbourg S. Antoine*, Clermont.	1765
A	Jean-Baptiſte-Parfait Frechot, Maître Maçon, *rue de Charonne*, Worcheſter.	1767
A.	François Philippe Forget, ancien Officier du Roi, *rue des Lavandieres*, Szamiland.	1784
A.	Nicolas-Louis Froger, Marchand Tanneur, *rue & F. S. Honoré, maiſon de M. Lubin, Marchand Boucher*, Baſle.	1771

G.

Nat.		Ann.
A.	Jean Baptiſte-Tobie Gagnerot de Fangy, Receveur-Général des Fermes, *rue du Bouloir, chez M. Royer*, Olmutz.	1768
A.	J. Cl. Gaignier, Docteur en Médecine, *rue des Mathurins*,	

NAT.		ANN
	près celle de la Harpe, Osnabruck.	1783
A.	Charles Gally, Avocat, *rue saint-Thomas-du-Louvre, aux petites Ecuries de M. de Chartres*, Dunckeld.	1773
F.	J. E. Garnier, Négociant, *rue Saint Denis, vis-à-vis celle des Prêcheurs*, Troyes.	1783
F.	Denis Gaubert Baugé, Négociant, *rue Jean-Robert*, Meude.	1783
F.	Jean-Louis Gaudron, Négociant, *chez M. Lubin, Boucher, Fauxb. S. Honoré*, Condom.	1774
F.	Messire Noël-Claude-François-Xavier Gaulne de la Fayolle, Ecuyer, *rue Saint-Marc*, Avignon.	1766
A.	Claude-Philippe Gauthron, Marchand Mercier, *rue Bourg-l'Abbé*, Bristol.	1774
A.	A. Genthon, Intéressé dans les affaires du Roi, *Cul-de-Sac S. Louis, près S. Paul*, Arrhusen.	1771
A.	L. E. Geré, Marchand Epicier, *rue Montmartre*, Meissen.	1779
F.	André Germain, *rue des deux Ponts, Isle S. Louis*, Bragance.	1740
A.	Jean-Pierre Germain, Banquier, *rue Mauconseil*, Kilmore en Ecosse.	1783

Nat.		Ann.
F.	Jean-Claude Gillet, *à Auteuil*, la Rochelle.	1777
F.	Jean-Baptiste Giroux, ancien Pâtissier, *à Auteuil*, Turin.	1779
F.	Jean-Louis Glachant, Maître de Pension, *Cloître S. Benoît*, Conimbre.	1768
A.	J. L. Godard de Sergy, Avocat, *rue du Fouare*, Lincoln.	1761
F.	Joseph-Alexandre Gondret, Chirurgien, *à Auteuil*, Marseille	1760
A.	L.M. Goudon, Fermier du Roi, *rue Royale, Place Louis XV*. Brandebourg.	1770
F.	Louis-Joseph Gouffé, Marchand Epicier, *rue de la Barillerie*, Capoue.	1742
F.	Jean-Jacques Grenier, Orfévre, *à S. Denis*, Saint-Paul-trois-Châteaux.	1770
F.	Messire Sauveur-Gaspard de Grimaldy, Chevalier, Marquis de Gagne, *rue S. Dominique, près la Barriere*, Paris.	1753
F.	Etienne Granier, Négociant, *rue des Fossoyeurs, près saint-Sulpice, chez M. Roustain*, Gap.	1772
F.	Jean-Bapt. Grimoult, Banquier, *rue Salle-au-Comte*, Orange.	1780
	Fr.-Ant.-Rob. Guerard Lecou-	

Nat.		Ann.
	teux, Négociant, *rue des Cinq-Diamans, chez M. Castel*, Toulon.	1784
F.	Jean Guesnet, Négociant, *rue Comtesse-d'Artois*, Palerme.	1783
F.	Jean-Jacques Guerin, Entrepreneur de Bâtimens, *rue Basse-Saint-Denis*, Dijon.	1770
A.	François Guerin, *rue de Long-pont S. Gervais*, Riga.	1773
F.	Jean Guesnon, Maître Maçon, *rue & Isle S. Louis, Quai d'Orléans*, Vienne.	1763
F.	André-Charles Gueux, Intéressé dans les Affaires du Roi, *rue Thevenot*, Reggio.	1771
A.	Jean-Jacques Guyot, Négociant, *rue du Mouton*, Armach.	1773
	H.	
A.	François-Hanet de Montgiraud, *rue du Grand-Chantier*, Roschil.	1775
A.	Jean-Baptiste Hannen, Brasseur, *rue Mouffetard*, Archstedt.	1772
P.	Antoine-Joseph Hanot, *au Gros Caillou*, Beauvais.	1774
P.	Jean-Nicolas Haudry, Marchand Orfévre, *rue Saint-Antoine*, Cominges.	1743
F.	Jacques Hemart, Maître Ecri-	

NAT.		ANN.
	vain, *rue S. Denis, vis-à-vis la rue Thevenot*, Oleron.	1779
A.	Pierre Hemery, Négociant, *rue S. Denis, au Renard Rouge*, Copenhague.	1773
F.	Jacques Houlte, Négociant, *Cloître & Paroisse S. Merry*, Leɛtoure.	1775
A.	François Hochedès de Bulté, Marchand de Bled, *rue Montorgueil*, Alborg.	1772
F.	Pierre Huline, Md. Mercier, *rue de la Féronnerie*, Milan.	1784
A.	Guillaume Hyde, Négociant, *rue S. Antoine, au Café Dauphin*, Wilna.	1773
	J.	
A.	Jacques Jacquemin, Bourgeois de Paris, *rue Neuve & Paroisse S. Merry*, Munster.	1784
A.	Guillaume Jambon, Négociant, *rue des Grands-Dégrés*, Londres.	1773
F.	Edme Jobert, Marchand de Vins du Roi, *rue de la Coutellerie*, Dol.	1771
	K.	
A.	Paul-Pierre Kolly, Fermier-Général, *cul-de-sac S. Hyacinthe, Paroisse Saint-Roch*, Cleves.	1777

NAT.	L.	ANN.
F.	Louis-Michel-Edme Lamotte, Marchand Mercier, *rue de la Verrerie*, Angers.	1773
F.	Jean-Victor Lavolée, Receveur des Fermes, *rue de la Cordonnerie*, Bayonne.	1769
F.	Aug.-Laurent, Négociant, *rue Aubry-le-Boucher*, Rossano.	1772
F.	Charles Lebastier, Marchand Orfévre, *Place Dauphine*, Aleria.	1776
F.	Jean-Louis Leblanc, *rue de la Michaudiere*, Pavie.	1769
A.	Louis-Mich. Lecamus de Limard, *rue des Jeûneurs*, Zagraab.	1763
A.	Adrien-Fidel Lecamus, Marchand de Draps, *rue & Porte Saint-Jacques*. Arelberg.	1775
A.	Etienne Leclerc, Négoc *Cloître Saint-Opportune, chez le Chapelier*, Christiana.	1781
F.	Jean-Pierre Lecointre, Négociant, *rue Aubry-le-Boucher*, Perigueux.	1770
N.	Laurent Lecointre, Officier du Roi, *rue des Fossés S.-Jacques*, Coutances.	1774
F.	Jean-Baptiste Lecointre, *rue S. Germain-l'Auxerrois*, Bary.	1774
A.	Nicolas-Louis Lecomte, Marchand, *rue Sal-au-Comte*, Abo.	1764

NAT.		ANN.
F.	Michel-Pierre-Paul Lecourtois, Avocat, *au Boulevard, près la Comédie Italienne*, Gennes.	1766
F.	Charles-Pierre le Drû de Molancey, Commis au Bureau de la Guerre, *rue du Roi de Scicile, chez M. l'Aîné, Banquier*, Mirepoix.	1772
F.	Jean Leduc, Bourgeois de Paris, *rue de la Harpe, chez M. Guillot, Libraire*, Bologne.	1783
P.	Messire André Lefevre, Comte d'Eaubonne, Baron de Baroche, *ruè des Rosiers Saint-Germain*; Tournay.	1758
F.	Louis-Joseph Lefort, Négociant, *rue Montorgueil*, Bourges.	1774
F.	Mess. Albert-François Le Fournier, Marquis de Wargemont, Capitaine, *rue du Calvaire au Marais*, Sarragosse.	1775
A.	Messire Charles Louis Legendre d'Aviray, Chevalier de Saint-Louis, *Fauxbourg Saint-Honoré*, Constance.	1773
A.	Messire Philippe-Charles Le Gendre de Villemorien, Fermier-Général, *rue du Fauxbourg Saint-Honoré*, Glascow.	1775
A.	Pierre Leguay, Brasseur, *rue Mouffetard*, Bergenhuss.	1776

Nat.		Ann.
F.	Michel-Robert Lehure, Marchand de Toiles, *rue Bourg-l'Abbé, à l'Ancre*, Nevers.	1772
A.	François Lemaître Desjardins, Négociant, *rue des Lombards*, Plosko.	1779
F.	Meſſ. Jean-Jacques-Louis-Alexis Lemarchand de Vauval, Prieur de Notre-Dame de Grace & Doyen de Saint-Sulpice de Rheges, *cul-de-ſac de la Monnoie*, Mariana.	1776
A.	Pierre-Jacques Lemaſſon, Marchand Epicier, *rue Saint-Sauveur*, Lauſanne.	1778
P.	Etienne-Charles-Antoine Lemoine de Beaumarchais, Ecuyer de Meſdames, *rue du Temple, vis-à-vis celle des Roſiers*, Gand.	1761
A.	Jules-Armand Lemonier de la Foſſe Bourgeois de Paris, *rue des Amandiers Saint-Antoine*, Albejules.	1782
A.	J.B Bonne Lemonier de la Foſſe, Bourgeois de Paris, *rue des Aman-diers S. Ant.* Bremen.	1782
F.	Robert-Michel Lenormand, Marchand de Soies, *rue Saint-Honoré*, Sagone.	1780

Nat.		Ann.
F.	Jacques - Joſeph Le Preſtre, Avocat, *en Sorbonne*, Senez	1772
A,	Pierre Leprieur, Tireur d'Or, *rue des Petits-Carreaux*, Exceſter.	1768
F.	Jean - Baptiſte - Nicolas Leroi, Marchand Drapier, *Cloître Notre-Dame*, Vannes.	1747
N.	Alexis Leroy, ancien Officier du Roi, *rue S. Thomas-du-Louvre*, Liſieux.	1783
F.	Martin Le Seigneur, Receveur des Impoſitions de Paris, *rue des Foſſés M. le Prince*, Vence.	1778
F.	François-Joſeph Leſueur, *rue des deux Boules Sainte-Opportune*, Spolette.	1774
A.	Nicolas Leſcot de Fleuriau, Bourgeois, *Cul-de-Sac Saint-Dominique*, Raphoë.	1770
P.	Pierre-Nicolas Lesguilliers, Négociant, *rue des Trois Maures*, Senlis.	1783
F.	Meſſire Philippe-Quentin Lingier, Marquis de Saint-Sulpice, *rue Sainte Avoye*, *Hôtel Saint-Aignan*, Rheims.	1782
F.	Meſſire Vincent Henri Lingier, Chevalier des Loges & de S.	

Louis,

Nat.		Ann.
	Louis, *rue Sainte Avoye, Hôtel Saint-Aignan*, Cahors.	1782
F.	Messire Jean-Charles-Olivier Logeois, ancien Lieutenant-Général du Présidial de Rennes, *rue du Parc Royal*, Meaux.	1780
F.	Nicolas Lolliot, Négociant, *rue Montorgueil*, Saint Claude.	1774
F.	Nicolas Loyauté, Avocat en Parlement, *Place S. Sulpice*, Mayorque.	1780
F.	Denis-Claude-Loyseau, ancien Marchand Epicier, *au Gros-Cailloux*, Bordeaux.	1746
P.	Jean-Baptiste Lubin, Maître Boucher, *rue du Fauxbourg Saint-Honoré*, Cambrai.	1759
	M.	
P.	Louis-Adrien Maître, *rue Dauphine*, Saint-Omer.	1777
F.	Paul Malherbe, ancien Gendarme, *rue de Choiseuil, Hôtel de la Régie*, Langres.	1775
A.	Guillaume Mandrou, Marchand Mercier, *rue de l'Arbre-sec*, Passaw.	1778
F.	Augustin Martin, Bourgeois de Paris, *chez M. Saunier, rue*	

NAT.		ANN.
	S. Honoré, près celle de la Sourdiere, Béthléem.	1772
F.	Jean Martin, Négoc. *rue Montorgueil, au Compas d'or*, Aix.	1773
P.	Julien Martinon, Marchand Drapier, *rue Simon-le-Franc*, Florence.	1766
A.	Jean-Michel Mathon, ancien Marchand Mercier, *rue de la Calandre*, Murray.	1781
F.	Jean-Nicolas-Joseph Maubert, Avocat en Parlement, *rue & Porte S. Jacques, chez M. le Camus*, Montauban.	1777
A.	Simon-Edme Menassier, Avocat, Garde de la Porte chez le Roi, *à Versailles*, Saltzbourg.	1772
F.	Jacques-Joseph Michelet, ancien Officier du Roi, *rue Dauphine, chez M. Postel*, Alais.	1783
F.	Jean Millon, ancien Marchand, *rue de Seine, petit Hôtel Mirabeau*, Vabres.	1784
F.	Antoine Moinery, Teinturier du grand teint, *rue des Gobelins*, Besançon.	1772
A.	Jean-Philippe Montauban, Md. Mercier, *rue S. Denis*, Kiow.	1673
A.	Denis Moreau, Marchand, *rue Sale-au-Comte*, Stavanger.	1764

Nat.		Ann.
F.	Toussaint-Jacques-Paul Morellet, Ecuyer, *rue Vivienne, vis-à-vis l'Hôtel Colbert*, Poitiers.	1780
A.	Antoine-Michel Moret. Marchand, *rue Aubry-le-Boucher*, Clogher.	1769
A.	Messire Louis Mosqueron de Préfontaine, Seigneur de Billancourt, *rue Sainte-Anne, chez M. Woulf*, Nancy.	1776
A.	André Mouchet, Architecte, Juré-Expert, *rue des Poulies*, Derpt.	1750
	N.	
A.	Etienne-Louis Nepveu, Officier du Roi, *rue Guénégaud*, Wisbourg.	1771
	O.	
P.	Jean Orillard, Marchand Mercier, *rue Saint-Denis*, Ypres.	1779
A.	Jean-Claude Ouvrier de l'Isle, de l'Académie d'Ecriture, *rue du Plâtre S. Jacques*, Wisby.	1750
	P.	
F.	Pierre-Romain Parelle, Bourgeois de Paris, *rue Coq-Héron*, Agde.	1775

Nat.		Ann.
F.	Etienne Parent, *rue de la Comédie Françoise, chez M. Procope*, Lombez.	1767
A.	Léonard Parlant, Négociant, *rue & Place Cambray, au Collége Royal, chez M. Deshautesrayes, Professeur*, Pétersbourg.	1782
F.	François Payen, Marchand Mercier, *rue Saint-Denis*, Galary.	1743
F.	Nicolas Pécoul, Md. Mercier, *rue des Foureurs*, Carcassonne.	1777
A.	Me. Charles George-Joseph Pelletier, Ecuyer, *quai des Miramionnes, à l'ancien Hôtel de Tonnerre*, Glocester.	1781
A.	T. H. P. S. Messire Claude-Anne-François Pellot, Comte de Trevieres, *rue de Seine S. Germain*, Halberstad.	1773
F.	Joseph Perez, Serrurier, *rue du Plâtre Ste.-Avoye*, Bergame.	1748
F.	J. B. F. Petit, Négociant, *rue Montmartre*, Bastia.	1781
A.	Claude Picaud, Maître Charpentier, *rue de Charenton, chez M. Jouan*, Meduicky.	1783
F.	Jean-Michel Picault, Pensionnaire du Roi, *rue Bourtibourg*, Saintes.	1781

NAT.		ANN.
A.	Maurice Pichault, Banquier, *rue du Temple*, Seckau.	1745
A.	Claude Pijeaux, Négociant, *rue des Ecrivains, à la Pierre-au-Lait*, Lavamind.	1783
A.	François Pillat de la Coupe, Ecuyer, *rue des Lyons S. Paul*, Chausbourg.	1772
F.	François-Charles Pingard, Marchand Mercier, *rue S. Denis*, Saint-Malo.	1773
A.	Jean Pingor, Négociant, *Pont S. Michel, chez M. Lécain, Orfévre*, Spire.	1770
F.	Pierre Pitra, Entrepreneur de Voitures, *rue Baurepaire*, Sarlat.	1768
A.	Pierre Plagniard, Négociant, *rue S. Honoré, chez M. le Normand*, Deventer.	1781
F.	Pierre-Nicolas Pleyard, Orfévre, *Pont Notre-Dame*, Meſſine.	1784
F.	Claude Polliſſard, l'un des douze Marchands de Vins du Roi, Contrôleur des Gages des Fermes Unies, &c. *rue Geoffroy-l'Aſnier*, Siguença.	1770
A,	Gabriel-Vincent-Louis Poulain, Négociant, *rue du Roi de Scicile, chez M. l'Aîné, Banquier*, Killalow.	1770

NAT.		ANN.
F.	Pierre-Claude Poultier de Perigny, Ecuyer, Fermier-Général, *rue St- Marc*, Sienne.	1780
F.	Georges-Joseph Prévôt, Négociant, *rue Joquelet*, Tarbes.	1779
N.	Jean-Baptiste Prieux, Marchand de Bois, *rue Percée*, Bayeux.	1774
F.	Pierre Prinet, Negociant, *Enclos du Temple*, Pamiers.	1780
A.	Jean-Pierre Privat, Maître Sellier, *rue Taranne*, Magdebourg.	1773
A.	Claude-Louis Marie Puvis de la **Chaulx**, Avocat à Cuyseaux en Bourgogne, *rue Montmartre*, Lewarden.	1768
	Q.	
F.	Jean-Baptiste Quatremere-Marquis, *rue S. Martin, près celle Grenier S. Lazare*, Nantes.	1771
F.	Nicolas-Marc Quatremer, Apothicaire à la suite du Grand-Prevôt, *rue de la Verrerie*, Apt.	1782
A.	Thomas-Etienne Quillet, *rue de l'Université, chez M. Faget*, Toul.	1739
	R.	
F.	Jacques Racine, Chirurgien, *rue de l'Oursine*, Rome.	1759

NAT.		ANN.
A.	Me. Martin - Philippe Ragon, Avocat, *rue de Viarmes*, *N°*. 8 *ou* 9; ou *à Fere en Tardenois*, Cracovie.	1778
F.	Michel-Louis Rambourg, Marchand de Bled, *rue Montorgueil, au Compas d'or*, Burgos.	1771
N.	J. B. Réveillon, Marchand Mercier, *rue de Montreuil*, *Fauxbourg S. Antoine*, Evreux.	1773
A.	Jean-Bernard Restout, Pensionnaire & Peintre du Roi, de plusieurs Académies, *au Louvre*, Agria.	1780
F.	Nicolas Robillard, Marchand, *rue de la Chanverrerie*, Acqs.	1771
P.	Pierre Robert, Bourgeois de Paris, *rue Tiquetone*, Noyon.	1782
A.	Jacques-Nicolas Roettier de la Tour, Ecuyer, *aux Quinze-Vingts*, Strengenes.	1765
A.	Etienne-Jean Rollet, Marchand, *rue aux Fers*, Utrecht.	1773
F.	Charles-Nicolas-Louis Ronceray, Marchand, *rue Greneta*, Aost.	1763
F.	Jean-François Rouget, Officier de S. A. S. Monseigneur le Duc d'Orléans, *rue de Richelieu*, *près le Passage du Palais-Royal*, Fréjus.	1774

Nat.		Ann.
F.	Jean-Nicolas Roulle, Marchand Mercier, *rue aux Fers*, Hildesheim.	1768
F.	Pierre Rousquin, Négociant, *rue des Lombards, chez M. Pingot*, Limoges.	1769
F.	Nicolas Rousseau, ancien Marchand Mercier, *rue de Touraine, Fauxbourg S. Germain*, S. Pol de Léon.	1747
A.	Jacques Antoine Rouveau, ancien Marchand, *rue Aubri-le-Boucher*, Salisbury.	1777
	S.	
A.	Jean-Gabriel Sallot, Seigneur du Hallier, *rue des deux Portes S. Severin, chez M. Dorigny, Procureur*, Angoulême.	1781
F.	François-Marie Sanegon, Marchand de Bois, *Port de la Rapée*, Châlons sur-Marne.	1768
F.	T. H. & P. S. Messire François Hyppolite Sanguin, Marquis de Livry, chef d'Escadre, *rue de la Chaise*, Le Mans.	1777
F.	Henri-Gervais Sauvage, *au coin de la rue Tiron*, Nîmes.	1751
	Guillaume - Lienard Semblard,	

NAT.		ANN.
	Bourgeois de Paris, *rue de Montmorenci*, Vaiſon.	1782
A.	Jean Seberlery, Marchand Mercier, *rue du Fauxbourg S. Antoine*, Verdun.	1769
A.	Meſſ. Jacques-Nicolas-Charles-Pierre Sebire de Bois-l'Abbé, Ecuyer, *quai Dauphin, Iſle S. Louis*, ou *à ſa Terre de Vaubecourt, près Giſors en Vexin*, Ratisbonne.	1774
A.	Jean Senac, Négociant, *rue S. Martin*, Carliſle.	1770
A.	J. B. Séné, Bourgeois, *chez M. ſon Frere, rue S. Benoît*, Strigonie.	1778
A.	Chriſtophe-Louis-Robert Soret, Md. de Bois, *rue Ste. Anne, près le Palais, chez M. Robert, Plumaſſier*, Raab.	1771
A.	Etienne-Jacques Souchet, *à Bagnolet*, Londonderi.	1767
	T.	
F.	Jacques-Pierre-Antoine Tariel, Négociant, *rue des Cinq-Diamans*, Bazas.	1777
F.	Philibert Terrel, Marchand de Vins en gros, *quai de Bourbon, Iſle Saint-Louis*, Cujavie.	1776
F.	Jean-Claude Thibaut, Négociant,	

Nat.		Ann.
	rue Montorgueil, à Saint-Christophe, Cavaillon.	1773
A.	Claude-François Thierry, Marchand Orfévre; *Pont-au-Change*, Brixen.	1782
F	Etienne Toffier, ancien Ingénieur, *rue de l'Eglise, à la Villette*, Venise.	1769
F.	Gabriel-Amand Tolose, Ecuyer, Seigneur de la Garenne, *rue du Harlay, maison de M. Grandpierre, Procureur au Châtelet*, Orléans.	1777
F.	Jean-Nicolas Toustain, Négociant, *rue Bourg-l'Abbé*, Nice.	1772
F.	Jean Truffau, Négociant, *rue du Jour, à la Croix de Lorraine*, Treguier.	1772
	V.	
A.	François-Nicolas Vaillant, ancien Conseiller au Bailliage de Metz, *rue des Bons Enfans, chez M. Michelet d'Ennery*, Upsal.	1778
A.	Jean-Baptiste Varé, Marchand Mercier, *rue Saint-Denis*, Hafnia.	1768
A.	Jean-François-Joseph Varnier, *rue S. Jacques*, Herford.	1767

NAT.		ANN.
A.	François Vaugeois, Marchand, *rue des Arcis, au Singe vert*, Breslaw.	1778
F.	Vrain-Antoine Vée, Marchand de Vins, *rue de la Jussienne*, Autun.	1774
A.	Etienne Venard, Négociant, *chez M. Chayé, Pont au Change*, Elphin.	1771
A.	Claude Vernay, Bourgeois, *rue S. Martin*, Minde.	1774
P.	Pierre Vignon, l'un des douze Marchands de Vins du Roi, *rue de Grenelle S. Germain*, Térouenne.	1770
A.	Messire Claude-Aimé Vincent, Ecuyer, *rue des Moulins*, Lebuss.	1779
F.	Antoine-Henri Voisin, Horloger, *rue Dauphine*, Bénévent.	1764
A.	Amant-Fidele Vaugere de la Thuilerie, Bourgeois de Paris, *rue S. Honoré, au coin de celle des vieilles Etuves, chez le Bonnetier*, les Isles.	1776
	W.	
A.	Messire Georges Woulf, Ecuyer, Banquier, *rue Sainte Anne*, Bamberg.	1770

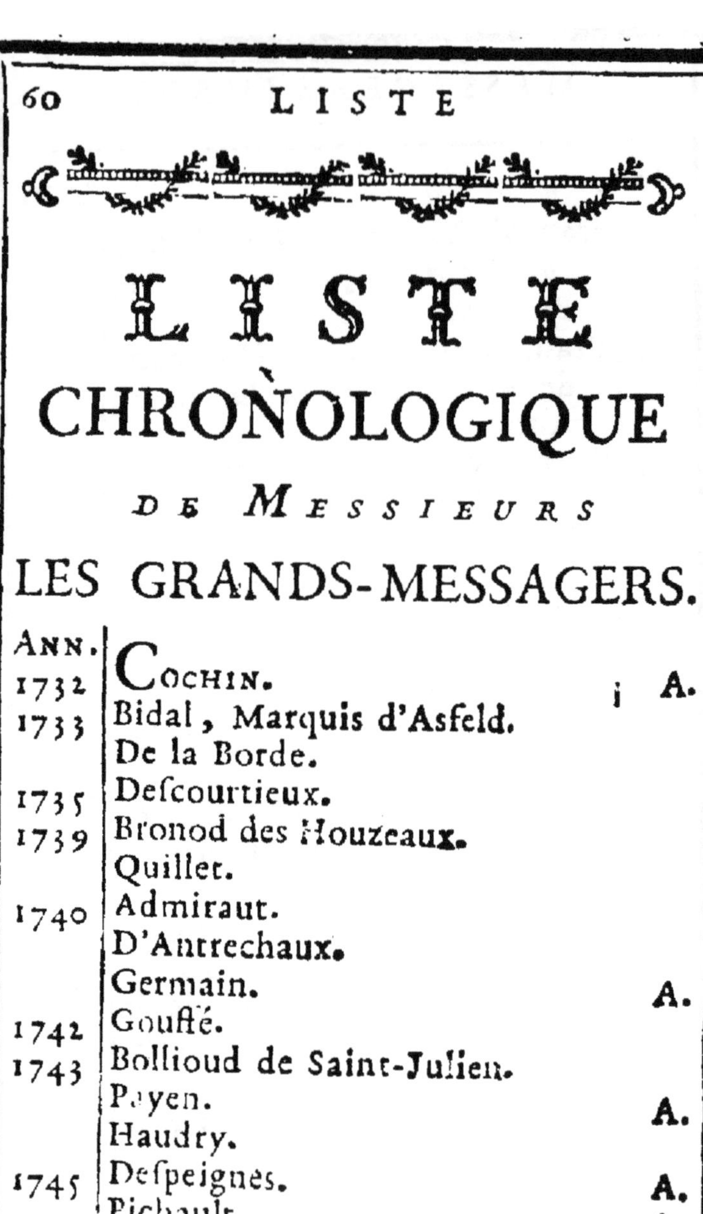

LISTE CHRONOLOGIQUE DE MESSIEURS LES GRANDS-MESSAGERS.

Ann.		
1732	Cochin.	A.
1733	Bidal, Marquis d'Asfeld.	
	De la Borde.	
1735	Descourtieux.	
1739	Bronod des Houzeaux.	
	Quillet.	
1740	Admiraut.	
	D'Antrechaux.	
	Germain.	A.
1742	Gouffé.	
1743	Bollioud de Saint-Julien.	
	Payen.	A.
	Haudry.	
1745	Despeignes.	A.
	Pichault.	A.
1746	Loiseau.	
	Rousseau.	A.
1747	De la Fosse.	
	Leroi.	

ANN.		
1747	Perès.	
1749	Duval.	
1750	Fillemin.	A.
	Mouchet.	
	Boullenger.	A.
	Delamothe.	A.
1751	Sauvage.	A.
	Deleinte.	
1751	Moulins, Marquis d'Evry.	
1754	De Merle, Comte.	
	De Grouchy.	
1756	De Basseville.	
1757	Benon.	
1758	Lefebvre, Comte d'Eaubonne.	
1759	Racine.	
	Lubin, fils.	
	De la Forêt, Marquis d'Armaille.	
	De Noireterre.	A.
1760	Cosseron-Etienne.	A.
	Bergeron.	
1761	Godard de Sergy.	
	Lemoine de Beaumarchais.	
1763	Guesnon.	
	De la Salle, Marquis.	
	Ronceray.	
	Lecamus.	A.
1763	Grimaldi, Marquis de Gagnes.	
1764	Voisin.	
	Le Comte de Chantilly,	
	Moreau.	

ANN.

1764 Aubaille
Delépée.
Franquetin des Isles.
De Nettancourt, Comte.
Roettiers.
1766 Bernard.
Gaulne de la Fayolle.
Defrogier d'Ignaucourt.
Bordier.
De Briançon, Marquis de Belmont.
Lecourtois.
Martinon.
1767 Deſſains.
Denis.
Delaunay.
Frechot.
Deſionville.
Varnier.
Babois.
Parent.
Favreau.
Souchet.
Demachy. A.
Varé.
1768 Roule. A.
Chapeau.
Leprieur. A.
Puvis Delachaux.
Glachant.
Pitra.

ANN.

1768 Boyer de Saint-Leu.
Gagnerot de Fangi.
Chayé.
Sannegon.
Doudet.
1769 Moret. A.
D'Inguimbert.
Gondré.
Pierre Rousquin.
Menassier.
Cointicourt.
Lavolée.
Maillet Dumesnil.
Toffier.
Bouny.
LeBlanc.
Sebellery.
Remi Claye.
1770 Polissard. A.
Dormissant, Marquis.
Etienne Claye.
Lecointre.
Grenû.
Després. A
Bodasse.
Dulac,
De Gauville.
Baudron.
Alabat.
Chanony.

ANN.		
1770	Senat.	
	Poulain.	
	Darlot.	A
	Lefcot.	
	Woulf.	
	Ouvrier del'Isle.	
	Pingor.	
	Deshomets.	A
	Vignon.	A
	Goudon	
	Guerin.	
	Gueux.	
	Chemin de Sorgue.	
1771	Brunet.	
	Froget.	
	Quatremer Devaux.	
	Soret.	
	Robillard.	
	Bénard.	A
	Rambourg.	
	Fournier, D. L.	
	Brommer.	
	Auvray.	
	Neveu.	
	Jobert.	
	Bailly du Coudray.	A.
	Chaffin.	
	Bertrand.	
	Venard.	
	Chotard.	

Moinery.

ANN.

1772 Moinery. A.
Duval de Nerville.
Pillat de la Coupe.
Hochedès de Bulté.
Le Drû de Molancy.
Toustain.
Lepreltre.
Bouquet.
Lehure.
Hannon.
Fayol.
Genthon. A.
Granier.
Martin.
Denis.
Laurent.
Truffau
1773 J. Martin.
Berardier.
Fieffé. A.
Rollet.
De Presles.
Doré. A.
Bouquetel Després.
Danet.
Montauban. A.
Thibaut.
Lamothe. A.
Doc.
Pingar.
Boileau de la Pomerai.

ANN.

1773 Delore.
Gally.
Guerin.
Guyot.
Jambon.
Privat.
Legendre d'Aviray.
Hemery.
Chagot.
Réveillon.
Coudre Lacoudray.
Hyde.
Bechu.
Pelot, Comte de Trevieres.
De Beaumont, Marquis.
Dardel.
Dupont de la Halliere.
Bâcon de la Chevalerie.
1774 Bouin.
Debonne.
Lolliot.
Binand.
Lefort.
D'Arcambal, Marquis.
De Bourges. A.
Lesueur.
Vée. A.
Gautron.
Vernay.
De Bretagne, Baron de Grignon.
Le Cointre.

ANN.

1774 Sebire de Bois-l'Abbé.
Gautron.
Prieux.
Hanot.
Rouget.
Lecointre.
1775 Hanet de Mongiraud.
Fiton.
Delic.
Compain.
Patelle.
Le Camus.
Crampone.
Le Gendre de Villemorien.
Le Fournier, Marquis de Wargemont.
Hutte.
Malherbe.
1776 De la Grange de Fot.
Devaux.
Vouregen de la Thuilerie.
Douceur.
Berard.
1777 Drouineau.
Feri.
Bernard.
Gerard.
Le Guay.
Terrel.
Lebastier.
Bernard Philippe.
Circaud de Seuilly.

ANN.

1777 | Le Marchand de Vauval
Mosqueron de Préfontaine.
Maubert.
Tariel.
Gally,
Maitre.
Kolly.
Fouquier de Lanchy.
Rouveau.
Sanguin, Marquis de Livry.
De Wal, Comte.
Augeard.
Delonchamp. A.
Bourdeaux.
Pécoul.
Alexandre.
Butard. A.
Tolose de la Garenne.
Dubin de Saint-Léonard.
Aubriet.
Le Seigneur.
Le Masson.

1778 | Durieux.
Séné.
Bocquet.
Mandrou.
Vaillant.
Vaugeois.
Dutemple.
Ragon.
Delaunoy.

ANN.

1778 | Dejoncourt.
1779 | Baignoux.
Le Maître Desjardins.
Vincent.
De Bonal.
Moreau.
Blery.
De Bandolle, M.rquis.
De Saint-Aygnan.
Prévôt
Hemart.
Geré.
De Secy, Comte.
Caillieux.
Giroux.
Orillard.
Boursin.
De Joubert.
1780 | Prinet.
De Saint-Chaman.
Logeois.
Coypel.
Allaire.
Chapsal.
Grimoult. A
Loyauté.
Morellet.
Le Normand.
Poultier.
Restout. A
1781 | Doucet. A.

ANN.		
1781	Bibas.	
	Faure de la Perouse.	
	Barnou.	A.
	Bezodis.	
	Asselineau.	
	Daubichon.	
	Salot.	
	Belargent.	
	Picault.	
	Maton.	
	Leclerc.	
	Pelletier.	A.
	Plagniard.	
	Petit.	
1782	Quatremere.	
	Thierry.	
	Chatelain.	
	Berteuil.	
	Chomereau.	
	Samblard.	
	Daceri.	
	Lemonier de la Fosse.	
	Lemonier de la Fosse *junior*.	
	De la Haye le Bouy.	
	Chicaneau.	
	Bourdon.	
	Parlant.	
	Arnaud.	
	Lingier, Marquis de Saint-Sulpice.	
	Robert.	
	Lingier, Chevalier des Loges.	
1783	Bardonet de Torgues.	

ANN.

1783 Leduc.
Germain.
Chaſlaing.
Bauger.
Gervais de Plaſman.
Gueſnet.
Armand.
Beſançon.
Danjou.
Dufour.
Gaignier.
Garnier.
Leſguilliers.
Michelet.
Pigeaux.
Leroi.
Savart.
Champagne de Montreau.
1784 Picaut.
De Barral, Comte.
Deſvieux.
Pleyard.
Dubin.
Millon.
Forget.
Guerard.
Chapelle.
Duflos de Maiſoncelle.
Jacquemin.
Carpentier.
Huline.

CONSEIL
DE LA COMPAGNIE.

Me. Hochereau, Avocat au Parlement, *rue des Blancs-Manteaux.*

Me. Pelé, Avocat ès-Confeils, *rue Saint-Médéric, près celle Sainte-Avoie.*

Me. Bareau du Charme, Procureur au Parlement, *rue Ste. Croix de la Bretonnerie.*

Me. Boulanger, Procureur au Châtelet, *rue Galande.*

Me. Picard, Procureur en l'Election, *rue des Anglois, quartier de la Place Maubert.*

OFFICIERS DU CHATELET.

Me. Gabé, Greffier de Chambre Civile, *rue*

M. Benoît, *à la Communauté des Prêtres de Saint-Euſtache.* C'eſt à lui qu'il faut s'adreſſer pour les Lettres de Garde-Gardienne.

M. Rétif, Huiſſier à cheval, *rue & Montagne Sainte Génevieve.*

M. SIMON, Imprimeur de MM. les Grands-Meſſagers, *rue S. Jacques, près S. Yves.*

Blangy, Clerc de la Compagnie, *rue Regratiere, Iſle S. Louis, chez M. Montaigu, Marchand de Vin.*

PRÉCIS CONCERNANT LA COMPAGNIE DES GRANDS-MESSAGERS.

Époque de l'établissement des Grands-Messagers.

Les Grands Messagers existent d'un temps aussi ancien que l'Université dont ils sont suppôts. Leur Compagnie a toujours été composée de Bourgeois choisis, & leurs fonctions ont été, & sont encore, de servir de Correspondants aux Etudiants, venants de toutes les parties de l'Europe, s'instruire à cette source, long-temps unique, & toujours abondante de toute espece de Sciences.

Distinction entre les Grands & les Petits Messagers.

Avant 1719 il y avoit des Petits Messagers, qui ont été supprimés lors de la réunion des Messageries de l'Université aux Messageries Royales ; les Grands Messagers subfiſtent, & on n'a jamais donné atteinte à leurs privilèges, qui ſont les mêmes que ceux attribués à l'Univerſité même.

Conditions de leurs Offices.

Ils ſont tenus, par leur Office, de remplir les devoirs de leur charge auprès de la Nation, de laquelle reſſort le Diocèſe dont ils ont le département, & de faire cortége au Recteur, lorſqu'ils en ſont requis.

Confrairie.

Ils ont S. CHARLEMAGNE pour Patron, & leur Compagnie eſt appellée la Confrairie des Grands-Meſſagers, ſous l'invocation de ce Saint. Pluſieurs Bulles, entr'autres une de Sixte-Quint, accordent des Indulgences aux Confreres, les jours où l'on célebre la Fête du Patron. Leur Confrairie ſe tenoit autrefois à l'Egliſe de S. Ives, puis aux Mathurins, & enfin, depuis l'érection du Collége de Louis-le-Grand en chef lieu de l'Univerſité, les Grands Meſſagers y ont une Salle d'aſſemblée, & font célébrer leurs Offices dans l'Egliſe de ce Collége.

Offices célébrés au nom de la Compagnie.

Ces Offices conſiſtent, 1°. En une Meſſe ſolemnelle qui ſe célebre tous les ans le 28 Janvier, à dix heures du matin, en l'honneur du Patron. 2°. En un Service général pour les Confreres défunts, célébré à la même heure, le lendemain 29. 3°. En quatre Messes basses, qu'on dit au nom de la Compagnie, à huit heures & demie précises, les quatre jours de Procession du Recteur. 4°. Enfin en un Service particulier que les Grands-Messagers font célébrer après le décès du Chef de l'Université, des Princes de la Maison-Royale, & de chacun des anciens Administrateurs.

Obligation d'assister aux Processions.

Outre la principale obligation d'aider de leurs Correspondances les jeunes Etrangers de leur département, chaque Messager est mandé une fois par an aux Processions de M. le Recteur, & obligé de s'y trouver, à peine de perdre ses priviléges & la protection de l'Université.

Administration.

La Compagnie est régie par un Syndic & quatre Administrateurs, dont on choisit annuellement deux dans la Compagnie entiere, le jour de S. Charlemagne, à l'issue de la Messe solemnelle.

Nature des Charges & premier Titre.

Les Charges de Grands-Messagers ne sont pas héréditaires, elles sont personnelles, & l'Université a le droit de nommer à celles qui vaquent sur les certificats de l'Administrateur comptable, que la Charge est vacante,

& que l'Aspirant est Catholique & Bourgeois de Paris, & de probité reconnue.

La Compagnie met au nombre de ses obligations, celle de n'avoir aucun bien fonds, & par conséquent de ne jamais contribuer, comme les autres corps d'offices, aux sommes qu'on demande sous le titre de joyeux avénement, &c. Cela est confirmé par ce qui s'est passé à ce sujet en 1715.

Priviléges des Grands-Messagers.

Les principaux priviléges dont jouissent les Grands Messagers, sont le droit de plaider, en demandant & en défendant, pardevant le Prévôt de Paris, ce qu'on connoît plus généralement sous le nom de *droit de Garde-Gardienne*, d'être exempts de tutelle, curatelle, &c; de garde bourgeoise, de guet, tant de jour que de nuit, collecte, syndicat, levée d'hommes & autres charges publiques; de tailles, aides, subsides, emprunts, impôt de quatre sols par muids de vin; enfin de tout ce qui est énoncé fort au long dans l'Edit de 1722, dont chaque Messager a une copie, & dont voilà la conclusion: A CES CAUSES, après avoir pris l'avis de notre Conseil, Nous continuons & approuvons comme par Edit perpétuel & irrévocable, à notredite Fille aînée l'Université de Paris, Docteurs, Maîtres, Régens, Bacheliers, Suppôts & Officiers d'icelle, tous & chacun les droits, prérogatives, immunités & libertés susmentionnés, à eux octroyés par les Rois nos prédécesseurs & Nous ; voulons en outre que les Grands-Messagers-Jurés de notredite Fille continuent l'exercice libre & entier de leurs Charges, ainsi qu'ils ont accoutumé, & qu'ils jouissent pleinement & paisiblement des immunités & exemptions à eux accordées par nos prédécesseurs Rois & Nous, tout ainsi & en la même forme & maniere qu'ils ont ci-devant fait : Nous, en confirmant & continuant leurs anciens priviléges, avons pris en notre protection & sauvegarde leurs personnes & biens, & leur avons, par ces Présentes, donné pouvoir de faire appeller, tant en demandant, qu'en défendant, & pour toutes causes & affaires, savoir notredite Fille en notre Cour de Parlement de Paris, & lesdits Officiers pardevant notre Prévôt de Paris, ou son Lieutenant Civil, Conservateurs des Priviléges à eux accordés, sans qu'ils puissent être convenus ou appellés ailleurs par aucunes personnes, de quelque qualité ou condition qu'elles puissent être, sous quelque cause & prétexte que ce soit, & sans qu'ils puissent être tenus à comparoir devant autres Juges quelconques.

Le Roi Louis XVI a confirmé ces Priviléges par son Edit de 1776, enregistré dans toutes les Cours, & notamment dans celle des Aydes.

Epoques de ses Priviléges.

Depuis le Roi Jean, jusqu'au Souverain qui nous gouverne, aucun Monarque François n'a oublié de confirmer & augmenter ces Priviléges ; le Roi François premier, entr'autres, a notamment cité les Grands-Messagers dans ses Patentes, & toutes sont de la même teneur, comme il est prouvé par les piéces existantes dans les Archives de l'Université, & dans celles de la Compagnie. Les Cours Souveraines ont toujours, & sans restriction, enregistré ces Lettres-Patentes. Enfin dans ces derniers tems, le Roi Louis XV a confirmé l'état des Grands-Messagers, en les comprenant expressément dans la distribution des logemens accordés à l'Université, dans le Collége de Louis-le-Grand.

Notes des principales Pieces qui confirment les droits des Messagers.

Comme l'Edit de 1712 & celui de 17-6 sont confirmatifs de tous les Priviléges accordés par tous nos Rois aux Grands Messagers, il suffira de donner ici la note des principaux Arrêts rendus en leur faveur dans les cas principaux, où leurs droits ont pu être contestés.

Le droit *de Garde-Gardienne* est adjugé en faveur des Grands-Messagers, même contre des personnes ressortissantes de tous les Parlemens, tels que Aix, Rennes, Rouen,

Dijon, & autres, par des Arrêts du Conseil de 1633, 1635, 1642, 1653, 1706, & notamment celui du 15 Octobre 1772.

Le même droit a été maintenu par le Parlement de Paris entr'autres en 1683 & 1703.

Un Arrêt du Parlement de 1515 confirme l'exemption des droits que perçoit la Ville sur les vins, & un autre de 1509, maintient les Messagers dans toutes leurs exemptions.

Les priviléges d'exemptions des quatre sols pour livre, tant pour le vin du crû que pour celui de consommation, sont maintenus contre les Fermiers, par des Arrêts de la Cour des Aides, depuis 1545 jusqu'en 1624, & par des Sentences des Elections de Paris, Montereau, &c., depuis 1495 jusqu'en 1735 & 1774.

Enfin, des Sentences du Châtelet, depuis 1670 jusqu'en 1721, déchargent les Messagers de l'office de boues & lanternes, une Sentence de 1772 les décharge du Marguillage.

Devoir des Administrateurs.

Ces contestations à poursuivre, les Juges à implorer, la protection du Tribunal de l'Université à invoquer pour le maintien de ces priviléges, sont la principale occupation des Administrateurs, auxquels chaque Messager a recours dans le besoin.

Nécessité de payer le droit de Confrairie.

C'est aux frais que les devoirs de piété, ainsi que les poursuites & démarches à faire dans les contestations exigent, qu'est employé le produit de la somme de quarante sols, que doit payer tout Messager, à peine de perdre sa Charge & ses Priviléges, conformément à deux Sentences du 15 Janvier 1769 & de 1772, rendues par le Prevôt de Paris, & confirmatives de plusieurs autres antérieurement rendues pour le même sujet. Il est en outre défendu à tout Greffier de délivrer des Lettres de Garde-gardiennes, sans avoir, au préalable, vu la quittance du droit de Confrairie.

Demeure du Comptable, pour l'année 1784.

M. Doucet, Administrateur comptable, demeurant *quai des Miramionnes, à l'ancien Hôtel de Tonnerre*, recevra les démissions, les droits de Confrairie, & délivrera les certificats pendant l'année 1785.

Olive, Hérault de l'Université, *rue S. Jacques, près le Collége de Louis-le-Grand.* C'est lui qui présentera dans le cas de mutation.

Nota. Messieurs les Grands-Messagers qui ont besoin d'écrire à MM. les Administrateurs, ou au Secrétaire, ou à MM. du Conseil, sont priés d'affranchir leurs lettres, sans quoi elles ne seront pas reçues. Messieurs les Avocats & Procureurs de la Compagnie sur-tout, n'en recevront absolument aucunes sans cela.

FIN.

www.ingramcontent.com/pod-product-compliance
Ingram Content Group UK Ltd.
Pitfield, Milton Keynes, MK11 3LW, UK
UKHW021555260726
13993UKWH00002B/846

9 782329 300436